Französisch

Kurzgeschichten

Für Anfänger und Kinder

 Vorwort

Hallo, kleine Entdecker und neugierige Köpfe! Willkommen in einer Welt voller Wunder, Lachen und Lernen! In diesem magischen Buch findet ihr eine Sammlung von 60 magischen Minigeschichten, jede davon sprüht vor Fantasie und Freude!

Jede Geschichte in diesem Buch lebt in zwei Welten: einer Welt des deutschen Geflüsters und einer Welt des französischen Kicherns! Auf der linken Seite des Buches werden die Geschichten euch auf Deutsch erzählen, und auf der rechten Seite werden sie auf Französisch tanzen. Und das Beste daran? Unter jeder französischen Geschichte findet ihr eine Liste von Wörtern, wo ihr die Bedeutung bestimmter Wörter lernen und neue Wort-Freunde finden könnt!

Ob ihr gerade erst eure Reise ins Land der Sprachen beginnt oder ihr junge Abenteurer seid, die begierig darauf sind, mehr zu lernen, dieses Buch ist eine Schatzkiste voller Spaß und Wissen! Erkundet die spielerischen Geschichten, lernt neue Wörter und findet vielleicht sogar eure Lieblingsgeschichte!

Also, liebe Kinder und Anfänger, seid ihr bereit, in eine Welt zu hüpfen, zu springen und zu laufen, in der Wörter spielen, Lachen widerhallt, und Lernen ein farbenfrohes Abenteuer ist? Lasst uns die Seite umblättern und in die magische Welt der Geschichten und Sprachen eintauchen!

Denkt daran, jedes Wort ist ein neuer Freund, der darauf wartet, mit euch zu spielen, und jede Geschichte ist ein neues Abenteuer, das darauf wartet, entdeckt zu werden! Genießt jeden Moment, lacht über jede lustige Wendung und lernt mit jeder Seite, die ihr umblättert!

Viel Spaß beim Lesen und beim Lernen!

Wie man die französischen Buchstaben sagt

[a] wie im Französischen "chat" .Ähnlich dem deutschen "a" in "Katze".

[e] wie im Französischen "été". Ähnlich dem deutschen "ä" in "Mädchen".

[i] wie im Französischen "si". Ähnlich dem deutschen "i" in "Lippe".

[o] wie im Französischen "eau". Ähnlich dem deutschen "o" in "Boot".

[u] wie im Französischen "fou". Dieses Geräusch gibt es im Deutschen nicht genau, aber es ist ähnlich dem "u" in "Kuh", allerdings mit gerundeten Lippen.

[ø] wie im Französischen "peur". Ein Mittelding zwischen dem deutschen "ö" in "schön" und dem "eu" in "Freund".

[y] wie im Französischen "lune". Ein Geräusch zwischen dem deutschen "ü" in "über" und "i" in "Lippe".

[ʁ] wie der französische R in "rouge". Dieser R-Laut wird im Hals erzeugt und ist kratziger als das deutsche "R".

[ɲ] wie im Französischen "année". Ähnlich dem deutschen "nj" in "Orange" (obwohl es in der deutschen Sprache selten vorkommt).

[œ] wie im Französischen "sœur". Ähnlich dem deutschen "ö" in "Hölle".

Inhaltsverzeichnis

Geschichte 1: Der verlorene Welpe

Es war einmal ein kleiner Welpe namens Max in einem großen Park. Er war glücklich, aber er hatte seinen Weg verloren. Max war traurig.

"Wuff! Wuff!" bellte Max. Er wollte sein Zuhause finden.

Dann traf Max eine nette Ente. "Quak! Folge mir," sagte die Ente. Sie schwammen zusammen im Teich.

Als Nächstes sah Max einen großen, freundlichen Elefanten. "Ich kann helfen," trompetete der Elefant und hob Max mit seinem Rüssel hoch, um den ganzen Park zu sehen.

Max traf auch einen lustigen Affen. Der Affe schwang von Baum zu Baum und brachte Max zum Lachen.

Endlich sah Max seine Besitzerin, Lily! "Max!" rief Lily. Max rannte zu Lily, und seine neuen Freunde folgten ihm. Alle waren glücklich.

Max lernte, nie wieder wegzulaufen, und er hatte viele neue Freunde, mit denen er im Park spielen konnte.

Histoire 1: Le Chiot Perdu

Il était une fois, un petit chiot nommé Max était dans un grand parc. Il était content, mais il a perdu son chemin. Max était triste.

"Ouaf! Ouaf!" aboya Max. Il voulait retrouver sa maison.

Puis, Max rencontra un canard gentil. "Coin! Suis-moi," dit le canard. Ils nageaient ensemble dans l'étang.

Ensuite, Max vit un grand éléphant amical. "Je peux aider," trompeta l'éléphant, et il souleva Max avec sa trompe pour voir tout le parc.

Max rencontra aussi un singe amusant. Le singe se balançait d'arbre en arbre, faisant rire Max.

Finalement, Max vit sa propriétaire, Lily! "Max!" cria Lily. Max courut vers Lily, et ses nouveaux amis le suivirent. Tout le monde était heureux.

Max a appris à ne plus jamais s'égarer, et il avait beaucoup de nouveaux amis avec qui jouer dans le parc.

Welpe	Chiot	Freunde	Amis
Park	Parc	Baum	Arbre
glücklich	heureux	Affe	Singe
Ente	Canard	Rüssel	Trompe
schwammen	nageaient	Elefant	Éléphant

Geschichte 2: Der magische Baum

Tommy war ein kleiner Junge, der es liebte zu erkunden. Eines Tages fand er einen großen, alten Baum im Wald. Dieser Baum war magisch!

"Hallo, kleiner Junge," sagte der Baum. "Ich bin ein Wunschbaum. Was ist dein Wunsch?"

Tommy überlegte genau. "Ich wünsche mir viele Spielzeuge!" sagte Tommy.

"Schließe deine Augen," sagte der Baum. Tommy schloss seine Augen fest. Als er sie öffnete, waren viele bunte Spielzeuge um ihn herum!

Tommy war so glücklich. "Danke, Baum!" Er spielte den ganzen Tag mit seinen neuen Spielzeugen.

Aber Tommy dachte an seine Freunde. "Kann ich mehr Wünsche haben? Ich möchte mit meinen Freunden teilen," fragte Tommy.

Der magische Baum lächelte. "Ja, Teilen ist gut."

Tommy wünschte sich mehr Spielzeug, und er teilte sie mit all seinen Freunden. Sie spielten zusammen und hatten viel Spaß.

Der magische Baum war glücklich, die Kinder glücklich zu sehen, und Tommy lernte, dass das Teilen von Wünschen der beste Wunsch von allen ist.

Histoire 2: L'Arbre Magique

Tommy était un petit garçon qui aimait explorer. Un jour, il trouva un grand vieil arbre dans la forêt. Cet arbre était magique!

"Bonjour, petit garçon," dit l'arbre. "Je suis un arbre à souhaits. Quel est ton souhait?"

Tommy réfléchit bien. "Je souhaite avoir beaucoup de jouets!" dit Tommy.

"Ferme tes yeux," dit l'arbre. Tommy ferma les yeux fort. Quand il les ouvrit, beaucoup de jouets colorés étaient autour de lui!

Tommy était tellement content. "Merci, arbre!" Il joua toute la journée avec ses nouveaux jouets.

Mais Tommy se souvint de ses amis. "Puis-je avoir plus de souhaits? Je veux partager avec mes amis," demanda Tommy.

L'arbre magique sourit. "Oui, partager c'est bien."

Tommy souhaita plus de jouets, et il les partagea avec tous ses amis. Ils jouèrent ensemble et s'amusèrent beaucoup.

L'arbre magique était content de voir les enfants heureux, et Tommy apprit que partager les souhaits est le meilleur souhait de tous.

magische	Magique	Teilen	Partager
Junge	Garçon	glücklich	Content
Wald	Forêt	Baum	Arbre
Wunsch	Souhait	Freunde	Amis
Spielzeuge	Jouets	Augen	Yeux

Geschichte 3: Die freundliche Wolke

Billy schaute in den Himmel. Er sah eine flauschige Wolke. "Hi Wolke!" sagte Billy. Die Wolke sagte: "Hallo, Billy!"

Jeden Tag zeigte die freundliche Wolke Billy verschiedene Formen. Eines Tages war die Wolke ein großer Bär. An einem anderen Tag war sie ein lächelnder Stern.

Billy mochte die freundliche Wolke. Sie spielten jeden Tag „Rate die Form". Billy lachte und klatschte in die Hände. "Du bist mein bester Freund," sagte Billy zur Wolke.

Die Wolke war auch glücklich. "Du bist mein bester Freund, Billy!" Die freundliche Wolke formte Figuren und spielte jeden Tag mit Billy. Sie waren sehr glückliche Freunde.

Histoire 3: Le Nuage Amical

Billy leva les yeux vers le ciel. Il vit un nuage duveteux. "Salut nuage!" dit Billy. Le nuage répondit, "Bonjour, Billy!"

Chaque jour, le nuage amical montrait à Billy différentes formes. Un jour, le nuage était un gros ours. Un autre jour, il était une étoile souriante.

Billy aimait le nuage amical. Ils jouaient à deviner la forme tous les jours. Billy riait et applaudissait. "Tu es mon meilleur ami," dit Billy au nuage.

Le nuage était heureux aussi. "Tu es mon meilleur ami, Billy!" Le nuage amical faisait des formes et jouait avec Billy tous les jours. Ils étaient des amis très heureux.

freundliche	Amical
Wolke	Nuage
Himmel	Ciel
Tag	Jour
Bär	Ours
Stern	Étoile
Form	Forme
Freund	Ami
lachte	Riait
glücklich	Heureux

Geschichte 4: Der singende Frosch

Freddy, der Frosch, liebte es zu singen. Er sang jeden Tag „Quak, quak". Alle seine Freunde im Wald hörten ihm zu und lernten, ihre eigene Musik zu machen.

Der Vogel lernte zu pfeifen, das Reh lernte zu summen, und ein kleiner Käfer lernte zu brummen. Alle Tiere waren mit ihren neuen Geräuschen glücklich. „Danke, Freddy, dass du uns hilfst zu singen!", sagten sie.

Auch Freddy war glücklich. „Lass uns zusammen mehr Musik machen!" Jeden Tag füllten Freddy und seine Freunde den Wald mit fröhlichen Klängen. Sie sangen alle und machten zusammen Musik, und machten den Wald zu einem glücklichen, lauten Ort.

Histoire 4: La Grenouille Qui Chante

Freddy la grenouille aimait chanter. Il chantait "Coâ, coâ" chaque jour. Tous ses amis dans la forêt l'écoutaient et apprenaient à faire leur propre musique.

L'oiseau apprit à siffler, le cerf apprit à fredonner, et un petit insecte apprit à bourdonner. Tous les animaux étaient heureux avec leurs nouveaux sons. "Merci, Freddy, de nous avoir aidés à chanter!" dirent-ils.

Freddy était heureux aussi. "Faisons plus de musique ensemble!" Chaque jour, Freddy et ses amis remplissaient la forêt de sons joyeux. Ils chantaient tous et faisaient de la musique ensemble, rendant la forêt un lieu joyeux et bruyant.

singende	Qui Chante
Frosch	Grenouille
Wald	Forêt
Vogel	Oiseau
pfeifen	Siffler
Reh	Cerf
summen	Fredonner
Käfer	Insecte
brummen	Bourdonner
glücklich	Heureux

Geschichte 5: Die lachende Sonnenblume

Sunny war eine kleine Sonnenblume, die in einem schönen Garten wuchs. Jeden Tag lachte sie und strahlte im Sonnenlicht.

"Ich liebe die Sonne", sagte Sunny. Wenn Kinder den Garten besuchten, lachte Sunny noch mehr und wurde zur glücklichsten Blume im Garten.

Eines Tages sagte ein kleines Mädchen: "Du bist meine Lieblingsblume, Sunny, weil du immer so fröhlich bist!" Sunny fühlte sich geehrt und lachte noch lauter.

Die Sonne schien, die Vögel sangen, und Sunny war glücklich. Sie war froh, im Garten zu sein und alle zum Lachen zu bringen.

Histoire 5: Le Tournesol Rieur

Sunny était un tournesol joyeux avec un grand rire joyeux. Chaque jour, son rire, "Ha, ha, ha," rendait tout le jardin un endroit heureux. Son rire faisait rougir les roses, danser les marguerites, et glousser les tulipes. C'était comme de la magie ! Tout le monde se sentait heureux autour de Sunny. "Le rire c'est super ! Rions tous ensemble !" dirait Sunny, et tout le jardin rirait avec lui, créant de beaux sons joyeux.

Les personnes qui visitaient le jardin pouvaient sentir le bonheur dans l'air. Ils partaient avec de grands sourires chaleureux. "Sunny, ton rire rend nos cœurs heureux. Merci," diraient les fleurs. Sunny rirait encore plus, répandant le bonheur autour du jardin chaque jour. Son rire joyeux rendait le jardin l'endroit le plus heureux à être, avec des sourires et des rires partout.

lachende	Rieur
Sonnenblume	Tournesol
Garten	Jardin
Sonne	Soleil
Vögel	Personnes
sangen	Riaient
glücklich	Heureux
lachte	Rirait
fröhlich	Joyeux
Blume	Fleur

Geschichte 6: Die Tanzschuhe

Lisa fand einige glänzende Schuhe. „Wow! Hübsche Schuhe!", sagte sie. Als sie sie anzog, begann sie zu tanzen. Sie tanzte und tanzte und fühlte sich sehr glücklich!

Die Schuhe ließen Lisa wunderschön tanzen. Sie drehte sich um und sprang hoch. „Das macht so viel Spaß!", sagte Lisa und lachte.

Die Leute sahen Lisa beim Tanzen zu und klatschten für sie. Sie waren froh, sie tanzen zu sehen. Auch Lisa fühlte sich glücklich. Die glänzenden Schuhe brachten alle zum Lächeln.

Als der Tag zu Ende ging, sagte Lisa: „Danke, Schuhe, für die fröhlichen Tänze." Die Schuhe funkelten ein wenig, und Lisa tanzte freudig den ganzen Weg nach Hause zurück.

Histoire 6: Les Chaussures Dansantes

Lisa a trouvé des chaussures brillantes. "Wow ! Belles chaussures !" a-t-elle dit. Quand elle les a mises, elle a commencé à danser. Elle dansait et dansait et se sentait très heureuse !

Les chaussures faisaient danser Lisa magnifiquement. Elle tournait et sautait haut. "C'est tellement amusant !" a dit Lisa, en riant.

Les gens regardaient Lisa danser et applaudissaient pour elle. Ils étaient heureux de la voir danser. Lisa se sentait heureuse aussi. Les chaussures brillantes faisaient sourire tout le monde.

Quand la journée s'est terminée, Lisa a dit, "Merci, chaussures, pour les danses joyeuses." Les chaussures scintillaient un peu, et Lisa dansait tout le chemin du retour à la maison, se sentant joyeuse.

Tanzschuhe	Chaussures Dansantes
glänzende	brillantes
tanzte	dansait
glücklich	heureuse
drehte sich	um tournait
Spaß	amusant
Leute	gens
klatschten	applaudissaient
Lächeln	sourire
funkelten	scintillaient

Geschichte 7: Der bunte Regenbogen

In einer grauen Welt wünschten sich alle Farbe. Eines Tages kam ein leuchtender Regenbogen! Er hatte viele Farben: Rot, Orange, Gelb, Grün, Blau, Indigo und Violett. „Wow! So bunt!", sagten die Leute.

Der Regenbogen berührte alles und machte Bäume, Blumen und Häuser bunt. Alle waren sehr glücklich.

Sie spielten den ganzen Tag unter dem bunten Regenbogen. „Danke, Regenbogen, dass du Farben in unsere Welt bringst!", sagten sie. Der Regenbogen lächelte und machte die Welt jeden Tag bunt. Die Leute waren froh, und die Welt war mit dem Regenbogen am Himmel ein glücklicher Ort.

Histoire 7: L'Arc-en-ciel Coloré

Dans un monde gris, tout le monde souhaitait de la couleur. Un jour, un arc-en-ciel brillant est apparu ! Il avait beaucoup de couleurs: rouge, orange, jaune, vert, bleu, indigo, et violet. "Wow ! Quelle couleur !" ont dit les gens.

L'arc-en-ciel touchait tout, rendant les arbres, les fleurs, et les maisons colorés. Tout le monde était très heureux.

Ils jouaient sous l'arc-en-ciel coloré toute la journée. "Merci, arc-en-ciel, d'apporter des couleurs à notre monde !" ont-ils dit. L'arc-en-ciel souriait et rendait le monde coloré chaque jour. Les gens étaient contents et le monde était un lieu heureux avec l'arc-en-ciel dans le ciel.

bunte	coloré
Regenbogen	arc-en-ciel
Farben	couleurs
Rot	rouge
Grün	vert
Blau	bleu
Welt	monde
Bäume	arbres
Blumen	fleurs
Himmel	ciel

Geschichte 8: Der wünschende Fisch

Sammy sah einen goldenen Fisch in einem Teich. "Hallo, Fisch!", sagte Sammy. Der Fisch sagte: "Hallo! Ich bin ein Wunschfisch. Ich kann dir drei Wünsche erfüllen."

Sammy war überrascht. "Wirklich? Ich wünsche mir ein großes Eis!" Der Fisch schwang seinen Schwanz, und ein großes Eis erschien.

"Wow! Jetzt wünsche ich mir ein neues Spielzeugauto!", sagte Sammy. Der Fisch schwang wieder seinen Schwanz, und ein neues Spielzeugauto erschien.

Sammy dachte nach. "Für meinen letzten Wunsch möchte ich Freunde finden." Der Fisch schwang seinen Schwanz, und viele Kinder kamen, um mit Sammy zu spielen.

Sammy war sehr glücklich. "Danke, Wunschfisch!" Der Fisch lächelte und schwamm fröhlich im Teich.

Histoire 8: Le Poisson Plein de Souhaits

Sammy a vu un poisson doré dans un étang. "Bonjour, poisson !" a dit Sammy. Le poisson a dit, "Bonjour ! Je suis un poisson plein de souhaits. Je peux t'accorder trois souhaits."

Sammy était surpris. "Vraiment ? Je souhaite avoir une grande glace !" Le poisson a agité sa queue, et une grande glace est apparue.

"Wow ! Maintenant, je souhaite avoir une nouvelle voiture jouet !" a dit Sammy. Le poisson a de nouveau agité sa queue, et une nouvelle voiture jouet est apparue.

Sammy a réfléchi intensément. "Pour mon dernier souhait, je veux me faire des amis." Le poisson a agité sa queue, et beaucoup d'enfants sont venus jouer avec Sammy.

Sammy était très heureux. "Merci, poisson plein de souhaits !" Le poisson a souri et a nagé joyeusement dans l'étang.

wünschende	plein de souhaits
Fisch	poisson
Teich	étang
Wunsch	souhait
großes Eis	grande glace
Spielzeugauto	voiture jouet
Freunde	amis
überrascht	surpris
glücklich	heureux
lächelte	a souri

Geschichte 9: Der schüchterne Mond

Molly der Mond war schüchtern. Sie wollte mit den funkelnden Sternen befreundet sein, aber sie traute sich nicht, „Hallo" zu sagen. Eines Nachts fasste sie ihren Mut zusammen und sagte: „Hallo, Sterne", und die Sterne funkelten zurück: „Hallo, Molly!" Sie war so glücklich.

Jede Nacht würde Molly mit den Sternen reden und lachen. Sie teilten viele Geschichten, und der Nachthimmel war voll von ihren hellen Lichtern.

Molly war nicht mehr schüchtern. Sie und die Sterne wurden beste Freunde. Sie machten den Nachthimmel schön und füllten ihn jede Nacht mit Licht, was die Welt darunter zu einem glücklichen und magischen Ort machte.

Histoire 9: La Lune Timide

Molly la Lune était timide. Elle voulait être amie avec les étoiles scintillantes mais avait trop peur pour dire "Salut." Une nuit, elle a rassemblé son courage et a dit, "Bonjour, étoiles," et les étoiles ont scintillé en retour, "Bonjour, Molly!" Elle était tellement heureuse.

Chaque nuit, Molly parlait et riait avec les étoiles. Ils ont partagé beaucoup d'histoires et le ciel nocturne était rempli de leurs lumières brillantes.

Molly n'était plus timide. Elle et les étoiles sont devenues meilleures amies. Ils ont rendu le ciel nocturne beau et l'ont rempli de lumière chaque nuit, rendant le monde ci-dessous un endroit heureux et magique.

schüchterne	timide
Mond	Lune
Sterne	étoiles
befreundet	amie
funkelnden	scintillantes
Mut	courage
Geschichten	histoires
Nacht	nuit
Lichtern	lumières
glücklichen	heureux

Geschichte 10: Der sprechende Hut

Timmy fand einen sprechenden Hut. Als er ihn aufsetzte, sagte der Hut: „Hallo! Ich bin Harry der Hut. Ich kann gute Ratschläge geben." Timmy war überrascht, aber glücklich: „Wow!"

Harry half Timmy bei den Hausaufgaben, lehrte ihn, nett zu sein, und anderen zu helfen. Die Leute mochten Timmy mehr. „Danke, Harry, dass du mir hilfst, gute Entscheidungen zu treffen", sagte Timmy. Harry half gerne.

Jeden Tag taten Timmy und Harry zusammen viele gute Dinge. Sie machten die Menschen glücklich und lernten Neues. Sie waren ein tolles Team und machten jeden Tag für alle besser.

Histoire 10: Le Chapeau Parleur

Timmy a trouvé un chapeau parlant. Quand il le portait, le chapeau disait, "Salut! Je suis Harry le Chapeau. Je peux donner de bons conseils." Timmy était surpris mais heureux, "Wow!"

Harry a aidé Timmy avec ses devoirs, lui a appris à être gentil, et à aider les autres. Les gens aimaient plus Timmy. "Merci, Harry, de m'aider à faire de bons choix," disait Timmy. Harry était heureux d'aider.

Chaque jour, Timmy et Harry faisaient beaucoup de bonnes choses ensemble. Ils rendaient les gens heureux et apprenaient de nouvelles choses. Ils formaient une excellente équipe, rendant chaque jour meilleur pour tout le monde.

sprechenden	parlant
Hut	Chapeau
Ratschläge	conseils
überrascht	surpris
Hausaufgaben	devoirs
nett	gentil
Leute	gens
Entscheidungen	choix
hilfst	aider
Tag	jour

Geschichte 11: Die Zeitreise-Uhr

Sally hatte eine ganz besondere Uhr. Diese Uhr konnte sie in die Vergangenheit bringen! Wenn sie an den Zeigern drehte, konnte sie große Dinosaurier, wagemutige Piraten und tapfere Ritter sehen. Es war jedes Mal wie ein neues Abenteuer, mehr über verschiedene Orte und Zeiten zu erfahren.

Sally achtete darauf, bei ihren Reisen sehr vorsichtig zu sein. Sie schaute und lernte, änderte aber nichts. Sie sah viele interessante Dinge und lernte viele spaßige Fakten aus verschiedenen Zeiten.

„Danke, besondere Uhr, dass du mir so viele coole Dinge zeigst", sagte Sally eines Tages. Die Uhr schien glücklich zu sein und tickte fröhlich vor sich hin. Nun hatte Sally viele aufregende Geschichten zu erzählen, und sie teilte sie mit all ihren Freunden, sodass jeder Tag aufregend und voller neuer Erkenntnisse war.

Histoire 11: La Montre Voyageuse dans le Temps

Sally avait une montre très spéciale. Cette montre pouvait la ramener dans le temps ! Quand elle tournait les aiguilles, elle pouvait voir de grands dinosaures, des pirates audacieux, et des chevaliers courageux. C'était comme une nouvelle aventure à chaque fois, apprenant sur différents lieux et époques.

Sally faisait très attention lors de ses voyages. Elle regardait et apprenait mais ne changeait rien. Elle a vu beaucoup de choses intéressantes et a appris de nombreux faits amusants de différentes époques.

"Merci, montre spéciale, de me montrer tant de choses cool," a dit Sally un jour. La montre semblait heureuse, tic-taquant joyeusement. Maintenant, Sally avait beaucoup d'histoires passionnantes à raconter, et elle les partageait avec tous ses amis, rendant chaque jour excitant et plein de nouvelles connaissances.

Zeitreise	Voyageuse dans le Temps
Uhr	Montre
Vergangenheit	passé
Dinosaurier	dinosaures
Piraten	pirates
Ritter	chevaliers
Abenteuer	aventure
Orte	lieux
vorsichtig très	attention
Erkenntnisse	connaissances

Geschichte 12: Der freundliche Dinosaurier

Jamie traf einen großen, grünen Dinosaurier namens Dino in seinem Hinterhof. „Hallo! Ich bin Dino und ich bin freundlich!", sagte Dino mit einem großen Lächeln.

Jamie war wirklich glücklich. Sie spielten viele Spiele und lachten zusammen. Dino war groß, aber sehr nett, und Jamie fühlte sich bei ihm sicher.

Jeden Tag spielten Jamie und Dino und wurden beste Freunde. Sie rannten herum, spielten Fangen und hatten viel Spaß in der Sonne.

Jamie lernte, dass auch wenn jemand anders aussieht, wie Dino, kann er sehr nett sein und ein sehr guter Freund werden.

„Danke, Dino, dass du mein Freund bist", würde Jamie jeden Tag sagen. Sie waren sehr glücklich zusammen, teilten Lächeln und hatten viele schöne Zeiten. Jeder Tag mit Dino war für Jamie ein neues, glückliches Abenteuer.

Histoire 12: Le Dinosaure Amical

Jamie a rencontré un grand dinosaure vert dans son jardin, qui s'appelait Dino. "Salut ! Je suis Dino, et je suis amical !" a dit Dino avec un grand sourire.

Jamie était vraiment content. Ils ont joué à beaucoup de jeux et ont ri ensemble. Dino était grand mais très gentil, et Jamie se sentait en sécurité avec lui.

Chaque jour, Jamie et Dino jouaient et devenaient les meilleurs amis. Ils couraient, jouaient à la balle, et s'amusaient beaucoup au soleil.

Jamie a appris que même si quelqu'un a l'air différent, comme Dino, il peut être très gentil et devenir un très bon ami.

"Merci, Dino, d'être mon ami," dirait Jamie tous les jours. Ils étaient très heureux ensemble, partageant des sourires et beaucoup de bons moments. Chaque jour avec Dino était une nouvelle aventure heureuse pour Jamie.

Dinosaurier	Dinosaure
freundlich	Amical
Hinterhof	jardin
Lächeln	sourire
Spiele	jeux
sicher	en sécurité
Freunde	amis
Sonne	soleil
unterschiedlich	différent
Abenteuer	aventure

Geschichte 13: Der flüsternde Wind

Eines Tages spielte Sara draußen, als sie hörte, wie der Wind mit ihr sprach! "Hallo, Sara", sagte der Wind leise, "ich habe viele Geschichten über die große, schöne Welt zu erzählen."

Der Wind erzählte Sara von wirklich hohen Bergen, großen, tiefen Ozeanen und heißen, sandigen Wüsten. Sara hörte aufmerksam zu und lernte viele neue Dinge aus den Geschichten des Windes.

"Danke, Wind, dass du mir so viele wunderbare Geschichten erzählt hast", sagte Sara fröhlich. Der Wind sprach jeden Tag mit Sara und erzählte ihr immer mehr erstaunliche Dinge über die Welt. Sara war sehr glücklich, so viel über unsere schöne Welt und all die aufregenden Orte darin zu wissen. Jeden Tag wartete sie darauf, mehr Geschichten von ihrem Freund, dem Wind, zu hören.

Histoire 13: Le Vent Murmurant

Un jour, Sara jouait dehors quand elle entendit le vent lui parler !
"Salut, Sara," dit le vent doucement, "j'ai beaucoup d'histoires à te
raconter sur le grand et magnifique monde."

Le vent raconta à Sara à propos de montagnes vraiment hautes,
de grands océans profonds, et de déserts chauds et sablonneux.
Sara écouta attentivement et apprit beaucoup de nouvelles choses
grâce aux histoires du vent.

"Merci, vent, de m'avoir raconté tant d'histoires merveilleuses," dit
Sara joyeusement. Le vent continuait à parler à Sara chaque jour,
lui racontant de plus en plus de choses incroyables sur le monde.
Sara était très heureuse de connaître tant de choses sur notre beau
monde et tous les endroits excitants qu'il renferme. Chaque jour,
elle attendait d'entendre plus d'histoires de son ami, le vent.

flüsternde	murmurant
Wind	vent
Geschichten	histoires
draußen	dehors
Welt	monde
Berge	montagnes
Ozeanen	océans
Wüsten	déserts
aufmerksam	attentivement
wunderbare	merveilleuses

Geschichte 14: Der lachende Spiegel

Lily hatte einen Spiegel, aber es war kein gewöhnlicher Spiegel. Er war magisch! Immer wenn sie hineinsah, fing sie an zu lachen, "Hi Hi Hi!" Ihr Lachen war so ansteckend, dass bald alle um sie herum auch zu lachen begannen. Es schien, als hätte der Spiegel eine besondere Kraft, jeden glücklich zu machen! "Ha Ha Ha!", lachten sie alle zusammen.

Lily liebte ihren magischen Spiegel sehr. "Danke, Spiegel, dass du mir und meinen Freunden so viel Freude und Lachen bringst", würde sie sagen. Der Spiegel würde daraufhin schimmern und leuchten, den Raum jeden Tag mit noch mehr Lachen und Glück erfüllen. Jeder, der zu Lilys Haus kam, liebte den magischen Spiegel und die fröhlichen Momente, die er schuf. Lily war glücklich, dieses Kichern und Lächeln jeden Tag mit ihren Freunden zu teilen.

Histoire 14: Le Miroir Rieur

Lily avait un miroir, mais ce n'était pas n'importe quel miroir. Il était magique ! Chaque fois qu'elle le regardait, elle commençait à rire, "Hi Hi Hi !" Son rire était si contagieux que bientôt, tout le monde autour d'elle commençait à rire aussi. Il semblait que le miroir avait un pouvoir spécial pour rendre tout le monde heureux ! "Ha Ha Ha !" ils riaient tous ensemble.

Lily aimait beaucoup son miroir magique. "Merci, miroir, d'apporter tant de joie et de rires à moi et à mes amis," disait-elle. Le miroir scintillait et brillait en réponse, remplissant la pièce de encore plus de rires et de bonheur chaque jour. Tous ceux qui venaient chez Lily aimaient le miroir magique et les moments joyeux qu'il créait. Lily était heureuse de partager ces gloussements et sourires avec ses amis tous les jours.

lachende	rieur
Spiegel	miroir
magisch	magique
ansteckend	contagieux
Kraft	pouvoir
glücklich	heureux
Freude	joie
Lachen	rires
schimmern	scintiller
leuchten	briller

Geschichte 15: Die hüpfende Bohne

Benny war eine kleine Bohne, aber er konnte super hoch springen! „Boing, boing", ging Benny, sprang hierhin und dorthin, sah große Berge, weite Flüsse und hohe Bäume. Benny schloss bei seinen Sprüngen viele Freundschaften und hatte viele spaßige Abenteuer.

Jede Nacht, unter den zwinkernden Sternen, dachte Benny: „Springen macht so viel Spaß! Ich lerne jeden Tag neue Dinge!" Mit jedem Sonnenaufgang sprang Benny und erforschte, fand heraus neue, spannende Dinge über die Welt um ihn herum.

Benny liebte es, jeden Tag Neues zu lernen und zu sehen. Springen machte jeden Tag aufregend und voller spaßiger Entdeckungen. Jeder, den Benny auf seinen Abenteuern traf, war ein neuer Freund, und jeder Ort, den er erforschte, war ein neues Abenteuer. Er konnte es kaum erwarten zu sehen, was er als Nächstes finden würde!

Histoire 15: Le Haricot Sautant

Benny était un petit haricot, mais il pouvait sauter super haut ! « Boing, boing », allait Benny, sautant ici et là, voyant de grandes montagnes, de larges rivières, et de grands arbres. Benny se faisait beaucoup d'amis lors de ses sauts et vivait plein de chouettes aventures.

Chaque nuit, sous les étoiles scintillantes, Benny pensait : « Sauter, c'est tellement amusant ! J'apprends de nouvelles choses tous les jours ! » À chaque lever de soleil, Benny sautait et explorait, découvrant de nouvelles choses excitantes sur le monde autour de lui.

Benny adorait apprendre et voir de nouvelles choses chaque jour. Sauter rendait chaque jour excitant et plein de découvertes amusantes. Chaque personne que Benny rencontrait lors de ses aventures était un nouvel ami, et chaque endroit qu'il explorait était une nouvelle aventure. Il avait hâte de voir ce qu'il découvrirait ensuite !

hüpfende	sautant
Bohne	haricot
springen	sauter
Berge	montagnes
Flüsse	rivières
Bäume	arbres
Freundschaften	amis
Abenteuer	aventures
Sternen	étoiles
Sonnenaufgang	lever de soleil

Geschichte 16: Die helfende Hand

Emma war traurig; ihre Katze steckte auf einem Baum fest. Aber dann kam eine große, freundliche Hand und half der Katze sanft herunter.

Diese große Hand half auch anderen; sie trug schwere Taschen und erreichte hohe Regale für die Leute. Alle waren glücklich und sagten: "Danke!" zur helfenden Hand.

Emma lächelte und sagte: "Danke, helfende Hand, dass du so nett bist." Die helfende Hand winkte und half weiterhin anderen, den Tag aller heller und voller Lächeln zu machen.

Jeder liebte die helfende Hand. Sie machte ihr Leben leichter und glücklicher. Emma war froh, einen so netten und hilfsbereiten Freund getroffen zu haben. Sie sah zu, wie er herumging, Freude und Hilfe für alle in der Stadt verbreitete.

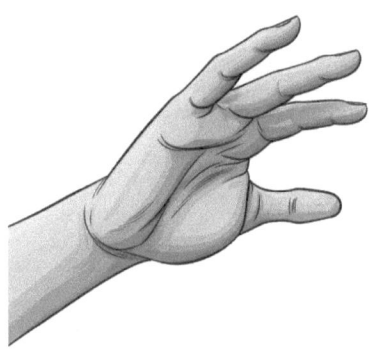

Histoire 16: La Main Aidante

Emma était triste; son chat était coincé dans un arbre. Mais ensuite, une grande main amicale est venue et a doucement aidé le chat à descendre.

Cette grande main aidait également les autres; elle portait des sacs lourds et atteignait les étagères hautes pour les gens. Tout le monde était content et disait: "Merci!" à la main aidante.

Emma a souri et a dit: "Merci, main aidante, d'être si gentille." La main aidante a salué et a continué à aider les autres, rendant la journée de tout le monde plus lumineuse et pleine de sourires.

Tout le monde aimait la main aidante. Elle rendait leur vie plus facile et plus heureuse. Emma était contente d'avoir rencontré un tel ami gentil et serviable. Elle regardait comme il se déplaçait, répandant la joie et l'aide à tout le monde dans la ville.

Baum	arbre
freundliche	amicale
schwere Taschen	sacs lourds
hohe Regale	étagères hautes
Leute	gens
lächelte	a souri
nett	gentille
winkte	a salué
heller plus	lumineuse
Lächeln	sourires
leichter	plus facile

Geschichte 17: Der tapfere kleine Toaster

Toby war ein kleiner Toaster, und er hatte Angst vor der Dunkelheit. Aber eines Nachts waren alle seine Gerätefreunde an einem dunklen Ort gefangen. Toby wusste, er musste mutig sein, um sie zu retten.

Also ging Toby ins Dunkle und rettete seine Freunde. Sie waren alle sehr glücklich und stolz auf Toby, weil er so tapfer war.

Nun hatte Toby keine Angst mehr vor der Dunkelheit. „Mutig zu sein ist gut", sagte er. Toby und seine Freunde waren glücklich und fühlten sich sicher, auch im Dunkeln, und jeder Tag war gefüllt mit Freude und Freundschaft. Sie spielten und lachten zusammen, wissend, dass sie alles bewältigen könnten, solange sie zusammen waren.

Histoire 17: Le Petit Grille-Pain Courageux

Toby était un petit grille-pain et il avait peur du noir. Mais une nuit, tous ses amis appareils étaient piégés dans un endroit sombre. Toby savait qu'il devait être courageux pour les sauver.

Alors, Toby est entré dans le noir et a sauvé ses amis. Ils étaient tous très heureux et fiers de Toby pour son courage.

Maintenant, Toby n'avait plus peur du noir. "Être courageux, c'est bien," il disait. Toby et ses amis étaient heureux et se sentaient en sécurité, même dans le noir, et chaque jour était rempli de joie et d'amitié. Ils jouaient et riaient ensemble, sachant qu'ils pouvaient affronter n'importe quoi tant qu'ils étaient ensemble.

tapfer	courageux
kleiner Toaster	petit grille-pain
Angst	peur
Dunkelheit	noir
Gerätefreunde	amis appareils
dunklen Ort	endroit sombre
mutig	courageux
rettete	a sauvé
glücklich	heureux
stolz	fiers

Geschichte 18: Der magische Bleistift

Danny hatte einen ganz besonderen Bleistift; es war ein magischer Bleistift! Alles, was er zeichnete, würde lebendig werden; ein gezeichneter Ball würde zu hüpfen beginnen, und ein skizzierter Welpe würde mit seinem Schwanz wedeln, fröhlich und lebendig.

Danny liebte seinen magischen Bleistift. Er beschloss, nur glückliche und schöne Dinge zu zeichnen, um alle zum Lächeln zu bringen. Er zeichnete farbenfrohe Ballons, die wirklich schwebten, und süße Süßigkeiten, die sich in echte Leckereien für seine Freunde verwandelten.

Alle waren glücklich und begeistert von Dannys magischen Zeichnungen. „Dieser Bleistift ist so besonders!", sagte Danny mit einem glücklichen Herzen. Jeden Tag benutzte Danny seinen magischen Bleistift, um Freude zu verbreiten und die Welt für alle bunter und glücklicher zu machen. Er war dankbar für die Magie in seinen Händen und versprach, sie mit der Welt zu teilen.

Histoire 18: Le Crayon Magique

Danny avait un crayon très spécial; c'était un crayon magique !
Tout ce qu'il dessinait prenait vie; un ballon dessiné commençait à
rebondir, et un chiot esquissé remuait la queue, heureux et vivant.

Danny aimait son crayon magique. Il décida de ne dessiner que
des choses heureuses et gentilles pour faire sourire tout le monde.
Il dessinait des ballons colorés qui flottaient vraiment et des
bonbons sucrés qui se transformaient en vraies gourmandises pour
ses amis.

Tout le monde était heureux et émerveillé par les dessins magiques
de Danny. "Ce crayon est tellement spécial !" disait Danny avec un
cœur joyeux. Chaque jour, Danny utilisait son crayon magique pour
répandre de la joie et rendre le monde plus coloré et heureux pour
tous. Il se sentait reconnaissant pour la magie dans ses mains et
promettait de la partager avec le monde.

magischer Bleistift	crayon magique
alles, was er zeichnete	tout ce qu'il dessinait
würde lebendig werden	prenait vie
zu hüpfen beginnen	commençait à rebondir
mit seinem Schwanz wedeln	remuait la queue
glücklich	heureux
farbenfrohe Ballons	ballons colorés
schwebten	flottaient
süße Süßigkeiten	bonbons sucrés
echte Leckereien	vraies gourmandises

Geschichte 19: Die schläfrige Eule

Oliver war eine Eule, die gerne nachts unter den hellen Sternen schlief. Aber, Eulen sind normalerweise nachts wach! Also versuchte Oliver, seine Augen offen zu halten, wenn der Mond oben war.

Indem er wach blieb, sah Oliver die glänzenden Sterne und hörte die Blätter reden. Er machte neue Freunde und lernte viele Dinge über die Nacht. „Die Nacht ist voll von coolen und netten Dingen", dachte Oliver, sich glücklich fühlend.

Oliver lernte, die Nacht zu mögen, voll von Spaß und hübschen Dingen. Er sah, wie schön und aufregend die Welt ist, wenn es dunkel ist, und er war glücklich, ein Teil davon zu sein, und sah jeden Tag die Magie der Nacht.

Histoire 19: Le Hibou Endormi

Oliver était un hibou qui aimait dormir la nuit, sous les étoiles brillantes. Mais, les hiboux restent habituellement éveillés la nuit ! Alors, Oliver essayait de garder ses yeux ouverts quand la lune était levée.

En restant éveillé, Oliver voyait les étoiles brillantes et entendait les feuilles parler. Il se liait d'amitié et apprenait beaucoup de choses sur la nuit. "La nuit est pleine de choses cool et agréables", pensait Oliver, se sentant heureux.

Oliver apprit à aimer la nuit, pleine de choses amusantes et jolies. Il voyait à quel point le monde est beau et excitant quand il fait sombre, et il était heureux d'en faire partie, voyant la magie de la nuit chaque jour.

schläfrige Eule	hibou endormi
gerne nachts	aimait dormir la nuit
unter den hellen Sternen	sous les étoiles brillantes
glänzenden Sterne	étoiles brillantes
hörte die Blätter reden	entendait les feuilles parler
machte neue Freunde	se liait d'amitié
sich glücklich fühlend	se sentant heure

Geschichte 20: Die fröhliche Sonne

Sunny war eine fröhliche Sonne, und jeden Tag teilte sie ihre warmen, hellen Strahlen mit der Welt, sodass sich alle glücklich und warm fühlten. Wenn ihr Licht die Menschen und Tiere berührte, lächelten alle. Die Blumen öffneten sich, und die Vögel sangen ihre süßen Lieder und füllten die Luft mit Musik.

„Danke, Sunny, dass du unsere Welt so glücklich und voller Licht machst!", sagten die fröhlichen Menschen, Tiere und blühenden Blumen. Indem sie das Glück von allen fühlte, strahlte Sunny noch heller am Himmel. Jeden Tag erschien sie am Himmel und verbreitete ihr warmes, fröhliches Licht an alle Orte der Welt. Sunny liebte es wirklich, Freude und Wärme zu allen zu bringen und jeden Tag schön und glücklich zu machen.

Histoire 20: Le Soleil Heureux

Sunny était un soleil joyeux, et chaque jour, elle partageait ses rayons chauds et lumineux avec le monde, faisant se sentir tout le monde heureux et chaud. Quand sa lumière touchait les gens et les animaux, ils souriaient tous. Les fleurs s'ouvraient, et les oiseaux chantaient leurs douces chansons, remplissant l'air de musique.

"Merci, Sunny, de rendre notre monde si heureux et plein de lumière !" disaient les gens joyeux, les animaux, et les fleurs épanouies. Sentant le bonheur de tout le monde, Sunny brillait encore plus fort dans le ciel. Chaque jour, elle apparaissait dans le ciel, répandant sa lumière chaude et joyeuse dans tous les endroits du monde. Sunny aimait vraiment apporter de la joie et de la chaleur à tout le monde, rendant chaque jour beau et heureux.

fröhliche	heureux
Sonne	soleil
jeden Tag	chaque jour
teilte	partageait
warmen	chauds
hellen	lumineux
Strahlen	rayons
glücklich	heureux
warm	chaud
Licht	lumière

Geschichte 21: Der fliegende Teppich

Cathy hatte einen magischen Teppich, der fliegen konnte! Sie setzte sich darauf, und whoosh! Er brachte sie hoch in den Himmel, über Länder und Meere. Sie sah große Berge und das tiefe blaue Meer.

Cathy war so glücklich. "Das macht so viel Spaß!" sagte sie mit einem großen Lächeln. Jeden Tag zeigte ihr der fliegende Teppich neue, aufregende Orte, hoch über den Wolken. Cathy liebte diese Flugabenteuer und sah jeden Tag neue Dinge.

Sie fühlte sich so glücklich, den magischen Teppich zu haben. Er machte jeden Tag zu einem Abenteuer und zeigte ihr die große, schöne Welt vom Himmel aus. Cathys Herz war voller Freude, während sie herumflog, neue Orte erkundete und die Welt auf ganz neue Weise sah.

Histoire 21: Le Tapis Volant

Cathy avait un tapis magique qui pouvait voler ! Elle s'asseyait dessus, et whoosh ! Il l'emmenait haut dans le ciel, par-dessus les terres et les mers. Elle voyait de grandes montagnes et la mer bleue profonde.

Cathy était tellement heureuse. "C'est tellement amusant !" dit-elle avec un grand sourire. Chaque jour, le tapis volant lui montrait de nouveaux endroits excitants, bien au-dessus des nuages. Cathy aimait ces aventures volantes, voyant chaque jour de nouvelles choses.

Elle se sentait si chanceuse d'avoir le tapis magique. Il faisait de chaque jour une aventure, lui montrant le grand et beau monde depuis le ciel. Le cœur de Cathy était plein de joie alors qu'elle volait partout, explorant de nouveaux endroits et voyant le monde d'une toute nouvelle manière.

fliegen	voler
Himmel	ciel
Länder	terres
Meere	mers
Berge	montagnes
tiefe	profonde
Meer	mer
glücklich	heureuse
Spaß	amusant
Lächeln	sourire
Tag	jour
aufregende	excitants

Geschichte 22: Das schwebende Blatt

Larry war ein kleines Blatt. Er schwebte und tanzte im Wind, kam an viele verschiedene Orte, sowohl laut als auch leise, hoch und tief.

Larry war glücklich. „Die Welt ist so hübsch!", würde er leise sagen, während er jeden Tag alle möglichen neuen Dinge sah. Er traf neue Freunde und sah neue Orte und Farben.

Schweben war Larrys Lieblingssache! Er erfuhr von neuen Orten und hörte sich die Geschichten seiner neuen Freunde an. Jeder Tag war für ihn ein neues Abenteuer, er lernte über die große, farbenfrohe Welt um ihn herum.

Larry war voller Freude, schwebend und die Schönheit der Welt sehend. Er liebte es, neue Aussichten zu entdecken und zu erforschen, und jeder Tag war für ihn aufregend und schön.

Histoire 22: La Feuille Flottante

Larry était une petite feuille. Il flottait et dansait dans le vent, allant à de nombreux endroits différents, à la fois bruyants et silencieux, hauts et bas.

Larry était heureux. "Le monde est tellement joli !" disait-il doucement, voyant toutes sortes de nouvelles choses chaque jour. Il se faisait de nouveaux amis et découvrait de nouveaux lieux et couleurs.

Flotter était la chose préférée de Larry ! Il apprenait de nouveaux endroits et écoutait les histoires de ses nouveaux amis. Chaque jour était une nouvelle aventure pour lui, apprenant à connaître le grand monde coloré autour de lui.

Larry était plein de joie, flottant et voyant la beauté du monde. Il aimait découvrir et explorer de nouveaux paysages, et chaque jour était excitant et beau pour lui.

schwebende	flottante
Blatt	feuille
tanzte	dansait
Wind	vent
verschiedene	différents
Orte	endroits
laut	bruyants
leise	silencieux
hoch	hauts
tief	bas

Geschichte 23: Der großzügige Bär

Bobby war ein großer, freundlicher Bär, der gerne teilte! Er gab leckeren Honig an Kaninchen und schmackhafte Beeren an Vögel. Alle im Wald waren glücklich und mochten Bobby sehr!

"Teilen ist schön!" lächelte Bobby und ließ auch all seine Freunde lächeln. Der Wald war ein fröhlicher Ort, voller Lachen und Spaß, weil jeder teilte. Es war wie eine große glückliche Familie von Freunden.

Bobby liebte es, seine Freunde glücklich zu sehen. Er half ihnen gerne und teilte jeden Tag mit ihnen. Der Wald war voller Freude, freundlicher Tiere und viel Liebe. Alle lebten glücklich zusammen, teilten Geschichten und hatten jeden Tag Spaß.

Histoire 23: L'Ours Généreux

Bobby était un grand ours amical qui aimait partager ! Il offrait du miel délicieux aux lapins et des baies savoureuses aux oiseaux. Tout le monde dans la forêt était heureux et aimait beaucoup Bobby !

"Partager, c'est gentil !" souriait Bobby, faisant sourire tous ses amis aussi. La forêt était un lieu heureux, plein de rires et d'amusement car tout le monde partageait. C'était comme une grande famille heureuse d'amis.

Bobby aimait voir ses amis heureux. Il aimait les aider et partager avec eux tous les jours. La forêt était pleine de joie, d'animaux amicaux, et d'amour. Tout le monde vivait heureux ensemble, partageant des histoires et s'amusant tous les jours.

großzügige	généreux
Bär	ours
freundlicher	amical
teilte	partager
leckeren	délicieux
Honig	miel
Kaninchen	lapins
schmackhafte	savoureuses
Beeren	baies
Vögel	oiseaux

Geschichte 24: Die kitzlige Tomate

Tommy war keine normale Tomate; er war kitzlig! Immer wenn jemand ihn berührte, würde er kichern, und sein Lachen war so ansteckend, dass jeder, der es hörte, auch zu lachen begann.

Jeden Tag kamen Kinder in den Garten, stupsten Tommy ein wenig an, und bald wäre die Luft voll von Kichern und Lachen. Tommy liebte es, alle zum Lachen zu bringen. "Hi hi hi! Das macht Spaß!", sagte Tommy jedes Mal, wenn er gekitzelt wurde.

Der ganze Garten war glücklich wegen Tommy. Sein Lachen ließ die Sonne heller scheinen, die Blumen größer blühen und die Luft frischer fühlen. Alle dankten Tommy, der kitzligen Tomate, dafür, dass er ihre Tage mit Freude und Lachen erfüllte.

Histoire 24: La Tomate Chatouilleuse

Tommy n'était pas une tomate normale ; il était chatouilleux !
Chaque fois que quelqu'un le touchait, il commençait à rire, et son
rire était si contagieux que quiconque l'entendait commençait à
rire aussi.

Chaque jour, les enfants venaient au jardin, chatouillaient un peu
Tommy, et bientôt l'air était rempli de gloussements et de rires.
Tommy aimait faire rire tout le monde. ''Hi hi hi ! C'est amusant !''
disait Tommy chaque fois qu'il était chatouillé.

Tout le jardin était heureux grâce à Tommy. Son rire faisait briller le
soleil plus fort, les fleurs s'épanouir plus grandes, et l'air semblait
plus frais. Tout le monde remerciait Tommy, la tomate
chatouilleuse, pour avoir rempli leurs journées de joie et de rires.

kitzlige	chatouilleuse
Tomate	tomate
normale	normale
berührte	touchait
kichern	rire
ansteckend	contagieux
jeder	chacun, tout le monde
Garten	jardin
Kinder	enfants
Lachen	rires

Geschichte 25: Der Wunschbrunnen

Wendy der Wunschbrunnen lebte in einer kleinen Stadt und hatte die Magie, Wünsche wahr werden zu lassen, aber nur für nette Leute.

Menschen kamen aus vielen Orten, in der Hoffnung, dass ihre Wünsche wahr werden würden. „Ich wünsche mir Glück", würde einer sagen. „Ich wünsche mir gute Gesundheit", würde ein anderer flüstern.

Wendy liebte es, Menschen glücklich zu machen und ihre Wünsche wahr werden zu lassen. Sie machte die Stadt zu einem glücklichen Ort voller Lächeln und dankbarer Herzen.

Jeder liebte Wendy, weil sie ihre Träume wahr werden ließ und Freude in die Stadt brachte. Jeder Wunsch, den sie erfüllte, verbreitete mehr Glück, und Wendys Magie erfüllte die Stadt mit glücklichen Gedanken und viel Liebe.

Histoire 25: Le Puits à Souhaits

Wendy le Puits à Souhaits vivait dans une petite ville et avait la magie pour réaliser les souhaits, mais seulement pour les personnes gentilles.

Les gens venaient de nombreux endroits, espérant que leurs souhaits se réaliseraient. "Je souhaite du bonheur", dirait l'un. "Je souhaite une bonne santé", murmurerait un autre.

Wendy adorait rendre les gens heureux et rendre leurs souhaits réels. Elle faisait de la ville un lieu heureux plein de sourires et de cœurs reconnaissants.

Tout le monde aimait Wendy parce qu'elle réalisait leurs rêves et apportait de la joie à la ville. Chaque souhait qu'elle accordait répandait plus de bonheur autour, et la magie de Wendy remplissait la ville de pensées heureuses et beaucoup d'amour.

Wunschbrunnen	Puits à Souhaits
kleine Stadt	petite ville
Magie	magie
Wünsche	souhaits
wahr werden	se réaliser
nette Leute	personnes gentilles
Glück	bonheur
gute Gesundheit	bonne santé
flüstern	murmurer
dankbarer Herzen	cœurs reconnaissants

Geschichte 26: Der fröhliche Kirschbaum

Charlie war ein glücklicher Kirschbaum, der es liebte, seine süßen Kirschen zu teilen. „Kommt und probiert meine leckeren Kirschen", würde er zu jedem sagen, der vorbeiging.

Jeden Tag würden Kinder kommen und Charlies Kirschen essen, lachen und sagen: „So süß und lecker!" Ihre Lächeln waren so süß wie die Kirschen.

Charlie war glücklich, die Kinder zu sehen, die seine Kirschen genossen. „Teilen ist lieben", dachte er, während er glückliche Gesichter mit Kirschen in den Händen weggehen sah. Er war wie ein Freund, der Glück verbreitete und für alle süße Erinnerungen schuf, und machte jeden Tag mit seinen Kirschen ein bisschen süßer.

Histoire 26: Le Cerisier Joyeux

Charlie était un cerisier joyeux qui aimait partager ses cerises sucrées. "Venez goûter mes cerises délicieuses", disait-il à tous ceux qui passaient.

Chaque jour, les enfants venaient manger les cerises de Charlie, riant et disant, "Tellement sucré et délicieux !" Leurs sourires étaient aussi sucrés que les cerises.

Charlie était content de voir les enfants apprécier ses cerises. "Partager, c'est aimer", pensait-il, regardant les visages heureux partir avec des cerises dans leurs mains. Il était comme un ami qui répandait la joie et créait de doux souvenirs pour tout le monde, rendant chaque jour un peu plus sucré avec ses cerises.

Kirschbaum	Cerisier
fröhlich	joyeux
süßen Kirschen	cerises sucrées
lecker	délicieux
Kinder	enfants
lachen	rire
süß	sucré
Teilen	partager
lieben	aimer
glückliche Gesichter	visages heureux

Geschichte 27: Das Gemälde Portal

Peter fand ein magisches Gemälde. Als er es berührte, brachte es ihn in ein wunderbares Land! Dieses Land hatte große, schöne Schlösser und viele lustig aussehende freundliche Kreaturen. Der Himmel war voll von hellen, bunten Sternen. „Dieses Gemälde ist wie eine Tür zu einer ganz neuen aufregenden Welt!", rief Peter mit Freude in den Augen aus.

Jeden Tag würde Peter das Gemälde berühren, ins magische Land gehen, neue Freunde finden und viele aufregende Abenteuer erleben. Er war immer vorsichtig, rechtzeitig zum Schlafengehen wieder nach Hause zu kommen. Peter liebte sein besonderes Gemälde und all die erstaunlichen Orte, die er sehen durfte, wirklich sehr. Es machte jeden Tag zu einem neuen, spannenden Abenteuer voller Spaß und Lachen!

Histoire 27: Le Portail Magique

Peter a trouvé un tableau magique. Quand il l'a touché, il l'a emmené dans un monde merveilleux ! Ce monde avait de grands et beaux châteaux et plein de créatures amicales à l'apparence amusante. Le ciel était plein d'étoiles vives et colorées. "Ce tableau est comme une porte vers un tout nouveau monde excitant !" s'exclama Peter avec de la joie dans ses yeux.

Chaque jour, Peter touchait le tableau, allait dans le pays magique, se faisait de nouveaux amis et vivait beaucoup d'aventures passionnantes. Il faisait toujours attention à rentrer chez lui à temps pour l'heure du coucher. Peter aimait vraiment son tableau spécial et tous les endroits incroyables qu'il lui permettait de voir. Il faisait de chaque jour une nouvelle aventure excitante remplie de plaisir et de rires !

Gemälde	Tableau
Portal	Portail
wunderbares Land	monde merveilleux
Schlösser	châteaux
Kreaturen	créatures
Sternen	étoiles
aufregenden	excitant
Abenteuer	aventures
Freunde	amis
lachen	rires

Geschichte 28: Der sprechende Teddy

Timmy hatte einen Teddybär, und sein Name war Teddy. Teddy war besonders; er konnte sprechen! Teddy gab Timmy gute Ratschläge wie, „Geh rüber und sag Hallo." Timmy würde auf Teddy hören und viele Freunde gewinnen, indem er Hallo sagte und nett war.

Timmy fühlte sich sehr glücklich, weil er den ganzen Tag mit seinen neuen Freunden spielen und lachen konnte. Jede Nacht würde Timmy Teddy umarmen und sagen: „Danke, dass du mir geholfen hast, Freunde zu finden." Teddy war sehr glücklich, Timmy so glücklich und von Freunden umgeben zu sehen, die gemeinsam lachten und schöne Zeiten teilten. Es war schön zu sehen, wie jeder spielte und Freunde war. Teddy fühlte sich warm und glücklich, Timmy so fröhlich zu sehen.

Histoire 28: Le Teddy Parleur

Timmy avait un ours en peluche, et il s'appelait Teddy. Teddy était spécial ; il pouvait parler ! Teddy donnait de bons conseils à Timmy, comme : "Va leur dire bonjour." Timmy écoutait Teddy et se faisait beaucoup d'amis en disant bonjour et en étant gentil.

Timmy était très heureux car il pouvait jouer et rire avec ses nouveaux amis toute la journée. Chaque nuit, Timmy prenait Teddy dans ses bras et disait : "Merci de m'avoir aidé à me faire des amis." Teddy était très content de voir Timmy si heureux et entouré d'amis, partageant des rires et de bons moments ensemble. C'était agréable de voir tout le monde jouer et être amis. Teddy se sentait chaleureux et heureux de voir Timmy si joyeux.

sprechende	parlant
Teddybär	ours en peluche
besonders	spécial
Ratschläge	conseils
Freunde	amis
lachen	rire
umarmen	prendre dans ses bras
geholfen	aidé
glücklich	heureux
schön	agréable

Geschichte 29: Die schnelle Schnecke

Sally war eine kleine Schnecke, aber sie konnte sich wirklich schnell bewegen! Sie hatte ein Geheimnis: sie konnte schnell herumzoomen! Wenn ihre Freunde in Schwierigkeiten waren, zoom! Sie war da, um ihnen zu helfen.

Sally half Ameisen, wenn es regnete, und verirrten Bienen, den Weg nach Hause zu finden. Alle waren glücklich und nannten sie 'Flotte Sally'. Sie würden jubeln, „Du bist unsere Heldin!", und Sally würde erröten.

Jeden Tag zoomte sie herum und machte alle sicher und glücklich. Sie mochte es, ihre Freunde zum Lächeln zu bringen und fühlte sich glücklich, wenn sie helfen konnte. Alle im Garten fühlten sich sicher und glücklich mit Sally in der Nähe, und sie liebten sie für ihre schnelle Hilfe und ihr großes, fürsorgliches Herz.

Histoire 29: L'Escargot Rapide

Sally était un petit escargot, mais elle pouvait se déplacer vraiment vite ! Elle avait un secret : elle pouvait zoomer rapidement ! Quand ses amis étaient en difficulté, zoom ! Elle était là pour les aider.

Sally aidait les fourmis quand il pleuvait et aidait les abeilles perdues à retrouver leur chemin. Tout le monde était content et l'appelait 'Sally la Rapide'. Ils acclameraient, "Tu es notre héroïne !" et Sally rougirait.

Chaque jour, elle zoomait partout, rendant tout le monde sûr et heureux. Elle aimait faire sourire ses amis et se sentait heureuse quand elle pouvait aider. Tout le monde dans le jardin se sentait en sécurité et heureux avec Sally autour, et ils l'aimaient pour son aide rapide et son grand cœur bienveillant.

schnelle	rapide
Schnecke	escargot
Geheimnis	secret
herumzoomen	zoomer autour
Freunde	amis
Schwierigkeiten	en difficulté
Ameisen	fourmis
regnete	pleuvait
verirrten	perdues
Bienen	abeilles

Geschichte 30: Die niesende Blume

Fiona war eine kleine Blume, aber sie hatte ein großes Niesen! "Hatschi!" würde sie niesen, und ihr besonderer Pollen würde überall hin fliegen. Dieser Pollen half anderen Pflanzen, groß und stark zu wachsen.

Jeden Tag machten ihre Nieser den Garten bunter und die Bäume wuchsen höher. "Deine Nieser helfen uns zu wachsen," würden die anderen Pflanzen leise sagen. Fiona war glücklich, dass ihre Nieser ihre Freunde glücklich machten und den Garten schön machten.

Fiona nieste jeden Tag fröhlich, verbreitete Freude und half ihren Pflanzenfreunden, in den Himmel zu greifen. Sie fühlte sich wie eine kleine Helferin, machte alles um sie herum lebendig und voller Lachen mit ihren großen Niesern. Jedes Niesen brachte mehr Schönheit und Glück in ihre kleine Welt, und sie liebte es, ihre Freunde wachsen zu sehen und im Wind zu tanzen.

Histoire 30: La Fleur Éternuante

Fiona était une petite fleur mais avait un grand éternuement !
"Atchoum !" elle éternuerait, et son pollen spécial volerait partout.
Ce pollen aidait d'autres plantes à grandir fortes et robustes.

Chaque jour, ses éternuements rendaient le jardin plus coloré et les
arbres plus grands. "Tes éternuements nous aident à grandir," les
autres plantes diraient doucement. Fiona était contente que ses
éternuements rendent ses amis heureux et le jardin joli.

Fiona éternuait joyeusement tous les jours, répandant de la joie et
aidant ses amis plantes à atteindre le ciel. Elle se sentait comme
une petite aide, rendant tout autour d'elle vivant et plein de rires
avec ses grands éternuements. Chaque éternuement apportait plus
de beauté et de bonheur à son petit monde, et elle aimait voir ses
amis grandir et danser dans le vent.

niesende	éternuante
Blume	fleur
großes	grand
Niesen	éternuement
Pollen	pollen
Pflanzen	plantes
wachsen	grandir
Garten	jardin
Bäume	arbres
Freunde	amis

Geschichte 31: Der unsichtbare Freund

Emily hatte einen Freund, einen besonderen unsichtbaren Freund namens Invisi. Nur Emily konnte Invisi sehen und mit ihm sprechen. Sie würden jeden einzelnen Tag Spiele spielen und lange Gespräche führen.

Mit Invisi fühlte sich Emily nie einsam. „Mit dir habe ich immer einen Freund", würde Emily glücklich sagen. Invisi genoss es, Emilys Freund zu sein, teilte Lachen und viele glückliche Momente.

Jeder Tag war voller Vorstellungskraft und Freude, mit Invisi und Emily erkundeten sie zusammen wunderbare Welten. Sie teilten viele Kicherer und spannende Geschichten. Für Emily war jeder Tag etwas Besonderes, gefüllt mit Liebe und Glück wegen ihres unsichtbaren Freundes, Invisi. Zusammen machten sie jeden Tag zu einer schönen Reise voller Spaß und Freundschaft.

Histoire 31: L'Ami Invisible

Emily avait un ami, un ami spécial et invisible nommé Invisi. Seule Emily pouvait voir et parler à Invisi. Ils jouaient à des jeux et avaient de longues conversations chaque jour.

Avec Invisi, Emily n'était jamais seule. "Avec toi, j'ai toujours un ami," dirait joyeusement Emily. Invisi aimait être l'ami d'Emily, partageant des rires et de nombreux moments heureux.

Chaque jour était rempli d'imagination et de joie, avec Invisi et Emily explorant ensemble des mondes merveilleux. Ils partageaient beaucoup de fous rires et d'histoires passionnantes. Pour Emily, chaque jour était spécial, rempli d'amour et de bonheur grâce à son ami invisible, Invisi. Ensemble, ils faisaient de chaque jour un beau voyage plein d'amusement et d'amitié.

unsichtbare	invisible
Freund	ami
besonderen	spécial
sehen	voir
sprechen	parler
Spiele	jeux
einsam	seule
glücklich	joyeusement
Lachen	rires
Vorstellungskraft	imagination

Geschichte 32: Die riesige Erdbeere

In einer kleinen Stadt gab es eine Erdbeere namens Struby. Struby wuchs so groß, so groß wie ein Haus! Es gab genug Essen für alle in der Stadt.

Die Leute waren überrascht und glücklich. „Diese große Erdbeere kann uns alle ernähren!", sagten sie mit Freude. Jeder genoss die süße Frucht und hatte ein großes Lächeln im Gesicht.

Struby war glücklich, alle so fröhlich und satt zu sehen. Die große Erdbeere machte die ganze Stadt zu einem süßen und glücklichen Ort, und jeder Tag war spaßig mit viel geteiltem Lachen und Süße. Die riesige Erdbeere machte alle glücklich und brachte der Stadt viel Freude.

Histoire 32: La Fraise Géante

Dans une petite ville, il y avait une fraise nommée Struby. Struby a grandi si grande, aussi grande qu'une maison! Il y avait assez de nourriture pour tout le monde dans la ville.

Les gens étaient surpris et heureux. "Cette grosse fraise peut nous nourrir tous !" disaient-ils avec joie. Tout le monde profitait du fruit sucré et avait de grands sourires sur leurs visages.

Struby était heureuse de voir tout le monde si joyeux et repu. La grosse fraise a rendu toute la ville douce et heureuse, et chaque jour était amusant avec beaucoup de rires et de douceurs partagés. La fraise géante a rendu tout le monde heureux et a apporté beaucoup de joie à la ville.

riesige	géante
Erdbeere	fraise
Stadt	ville
groß	grande
Haus	maison
Essen	nourriture
Leute	gens
überrascht	surpris
glücklich	heureux
ernähren	nourrir

Geschichte 33: Der hilfreiche Roboter

Robby war ein kleiner und netter Roboter, der gerne half. Er würde Schuhe binden, Spielzeug aufheben und Taschen für die Leute in der Stadt tragen. Alle in der Stadt mochten ihn sehr!

Die Leute waren froh, Robby zu sehen. Sie würden sagen: „Danke, Robby!" Er fühlte sich glücklich, wenn er helfen konnte. „Helfen macht Spaß!" würde Robby denken.

Jeden Tag ging Robby in der Stadt herum und tat nette Dinge für die Menschen. Er machte den Tag für alle besser und glücklicher. Seine kleinen freundlichen Gesten brachten jeden in der Stadt zum Lächeln und ließen sie sich geliebt fühlen. Robby war wie ein kleiner Funke Freude für alle in der Stadt.

Histoire 33: Le Robot Serviable

Robby était un petit robot gentil qui aimait aider. Il nouait les chaussures, ramassait les jouets, et portait les sacs pour les gens en ville. Tout le monde dans la ville l'aimait beaucoup !

Les gens étaient heureux de voir Robby. Ils disaient, "Merci, Robby !" Il se sentait heureux quand il pouvait aider. "Aider, c'est amusant !" pensait Robby.

Chaque jour, Robby se promenait en ville en faisant de bonnes actions pour les gens. Il rendait la journée de tout le monde meilleure et plus heureuse. Ses petits actes de gentillesse faisaient sourire tout le monde en ville et se sentaient aimés. Robby était comme une petite étincelle de joie pour tout le monde dans la ville.

hilfreiche	serviable
Roboter	robot
Schuhe binden	nouer les chaussures
Spielzeug aufheben	ramassait les jouets
Taschen tragen	portait les sacs
Stadt	ville
Leute	gens
froh	heureux
Dank	Merci
Spaß	amusant

Geschichte 34: Die alberne Spinne

Sammy war eine kleine alberne Spinne, die es mochte, lustige Netze zu machen. Er machte Netze, die wie Sterne, Herzen und fröhliche Gesichter aussahen. Die Leute, die sie sahen, würden lachen und lachen.

Sammy liebte es, lustige Netze zu machen. Er dachte, seine Freunde zum Lachen zu bringen, sei das Beste. Seine lustigen Netze machten den Garten zu einem fröhlichen Ort voller Lachen.

Jeden Tag füllte Sammy mit seinen lustigen Netzen den Garten voller Lachen. Er machte jeden glücklich. Sammy war wie ein geheimer Freund, der mit seinen albernen, lustigen Netzen den Garten zu einem fröhlichen, glücklichen Ort machte.

Histoire 34: L'Araignée Ridicule

Sammy était une petite araignée ridicule qui aimait faire des toiles amusantes. Il créait des toiles qui ressemblaient à des étoiles, des cœurs, et des visages joyeux. Les gens qui les voyaient riaient et riaient.

Sammy adorait faire des toiles drôles. Il pensait que faire rire ses amis était la meilleure chose. Ses toiles amusantes rendaient le jardin heureux et plein de rires.

Chaque jour, Sammy remplissait le jardin de rires avec ses toiles amusantes. Il rendait tout le monde heureux. Sammy était comme un ami secret qui rendait le jardin un endroit amusant et heureux avec ses toiles sillonnantes et amusantes.

alberne	ridicule
Spinne	araignée
Netze	toiles
Sterne	étoiles
Herzen	cœurs
fröhliche Gesichter	visages joyeux
lachen	rire
Garten	jardin
glücklich	heureux
geheimer Freund	ami secret

Geschichte 35: Der weise Wurm

Wendy war ein weiser kleiner Wurm, der viel wusste. Sie erzählte ihren Freunden im Garten gerne, was sie wusste. „Seid nett", würde sie sagen. „Teilt eure Sachen", sagte sie ihnen.

Alle Tiere im Garten hörten auf Wendy. Sie waren zueinander netter und waren glücklich. „Danke, Wendy, für deine klugen Worte", sagten sie zu ihr.

Wendy half gerne. Sie machte den Garten gerne zu einem glücklichen Ort, an dem jeder Freunde war. Jeden Tag teilte sie, was sie wusste, und alle im Garten waren deswegen glücklicher.

Histoire 35: Le Ver Sage

Wendy était un petit ver sage qui savait beaucoup de choses. Elle aimait dire à ses amis dans le jardin ce qu'elle savait. "Soyez gentils," disait-elle. "Partagez vos affaires," leur disait-elle.

Tous les animaux dans le jardin écoutaient Wendy. Ils devenaient plus gentils les uns envers les autres et étaient heureux. "Merci, Wendy, pour tes mots intelligents," lui disaient-ils.

Wendy était contente d'aider. Elle aimait rendre le jardin heureux où tout le monde était amis. Chaque jour, elle partageait ce qu'elle savait, et tout le monde dans le jardin était plus heureux grâce à elle.

weise	sage
Wurm	ver
wusste	savait
Garten	jardin
Freunde	amis
nett	gentils
Sachen	affaires
Tiere	animaux
klugen Worte	mots intelligents
glücklicher	plus heureux

Geschichte 36: Die coole Katze

Cathy war eine coole Katze. Sie wusste, wie man im heißen Sommer cool bleibt. Sie würde Schatten suchen, Wasser trinken und sich ausruhen. Cathy sah, dass ihre Freunde heiß waren, also brachte sie ihnen bei, wie man auch cool bleibt.

"Kommt in den Schatten", würde Cathy sagen. "Und trinkt viel Wasser." Alle ihre Freunde hörten auf Cathy und bald fühlten sie sich alle auch an den heißesten Tagen cool und glücklich.

Jeden Tag half Cathy, die Coole Katze, ihren Freunden, die Hitze zu überstehen. "Cool zu bleiben ist cool", würde Cathy schnurren und zusehen, wie ihre glücklichen Freunde die Sommertage genießen.

Histoire 36: Le Chat Cool

Cathy était un chat cool. Elle savait comment rester fraîche pendant l'été chaud. Elle cherchait de l'ombre, buvait de l'eau, et se reposait. Cathy voyait ses amis avoir chaud, alors elle leur a appris comment rester frais aussi.

"Venez à l'ombre," dirait Cathy. "Et buvez beaucoup d'eau." Tous ses amis écoutaient Cathy et bientôt, ils se sentaient tous frais et heureux même pendant les jours les plus chauds.

Chaque jour, Cathy le Chat Cool aidait ses amis à combattre la chaleur. "Rester frais, c'est cool," ronronnerait Cathy, regardant ses amis heureux profiter des jours d'été.

coole	cool
Katze	chat
Sommer	été
Schatten	ombre
Wasser	eau
Freunde	amis
heiß	chaud
trinken	boire
glücklich	heureux
Sommertage	jours d'été

Geschichte 37: Die tanzende Ananas

Penny war eine Ananas, die liebte zu tanzen. Sie würde sich drehen, wirbeln und schwingen. Pennys Tanz brachte alle Früchte dazu, auch tanzen zu wollen. Also, lehrte sie ihnen. „Bewegt euch so", würde sie sagen, sich im Rhythmus wiegend.

Bald tanzte die ganze Obstschale. Äpfel hüpften, Trauben wirbelten, und Bananen drehten sich. „Tanzen macht Spaß", würden die Früchte jubeln. Penny war glücklich, zu sehen, dass jede Frucht tanzte und Spaß hatte.

Penny, die tanzende Ananas, machte die Obstschale jeden Tag mit ihren süßen Bewegungen zu einem fröhlichen, tanzenden Ort.

Histoire 37: L'Ananas Dansant

Penny était un ananas qui aimait danser. Elle tournait, pivotait, et se balançait. La danse de Penny faisait que tous les fruits voulaient aussi danser. Alors, Penny les enseignait. "Bougez comme ça," dirait-elle, se balançant au rythme.

Bientôt, tout le panier de fruits dansait. Les pommes sautaient, les raisins tournaient, et les bananes faisaient des tours sur elles-mêmes. "Danser, c'est amusant," les fruits acclamaient. Penny était heureuse de voir tous les fruits danser et s'amuser.

Penny l'Ananas Dansant rendait le panier de fruits un endroit joyeux et dansant chaque jour avec ses mouvements doux.

tanzende	dansant
Ananas	ananas
tanzen	danser
drehen	tourner
wirbeln	pivoter
Früchte	fruits
Rhythmus	rythme
Obstschale	panier de fruits
Äpfel	pommes
Spaß	amusant

Geschichte 38: Der fliegende Pinguin

Perry war ein Pinguin, aber er hatte einen großen Wunsch: er wollte fliegen! Eines magischen Tages wurde sein Wunsch wahr! Mit einem Flap, Flap, Flap flog er über Länder und Meere!

Er besuchte Freunde, die sehr weit weg wohnten, sah riesige Berge, tiefblaue Meere und weite Sandlandschaften. „Am Himmel zu sein, macht so viel Spaß!" würde Perry vor Freude singen.

Jeden Tag würde Perry, der fliegende Pinguin, neue wunderbare Orte erkunden, neue Kumpels treffen und seinen Pinguinfreunden alles über seine fliegenden Abenteuer erzählen, sodass jeder Pinguin vom Fliegen hoch am Himmel träumte.

Histoire 38: Le Pingouin Volant

Perry était un pingouin, mais il avait un grand souhait : il voulait voler ! Un jour magique, son souhait s'est réalisé ! Avec un battement, battement, battement, il volait au-dessus des terres et des mers !

Il rendait visite à des amis qui habitaient très loin, voyait de grandes montagnes, de profondes mers bleues, et d'immenses terres sablonneuses. "Être dans le ciel, c'est tellement amusant !" Perry chantait avec joie.

Chaque jour, Perry, le pingouin volant, explorait de nouveaux endroits merveilleux, rencontrait de nouveaux copains et racontait à ses amis pingouins toutes ses aventures aériennes, faisant rêver chaque pingouin de voler haut dans le ciel.

fliegende	volant
Pinguin	pingouin
fliegen	voler
magischen	magique
Länder	terres
Meere	mers
Freunde	amis
Berge	montagnes
Himmel	ciel
Spaß	amusant
Abenteuer	aventures
träumte	rêver

Geschichte 39: Das Glückskleeblatt

Klee war ein sehr spezielles Blatt, denn es hatte vier Teile!
Menschen, die so ein Blatt finden, haben viel Glück. Eines Tages
fand ein Mädchen namens Lily Klee. "Juhu! Ein Glücksblatt!" rief sie
fröhlich.

Bald passierten Lily viele schöne Dinge. Sie fand ein glänzendes
Geldstück, sie gewann ein Spiel, und sie sah sogar einen
farbenfrohen Regenbogen am Himmel! "Danke, Klee," sagte Lily
und lächelte breit.

Jeden Tag machte Klee Lily und ihre Freunde glücklich und fühlte
sich glücklich. Alle Kinder mochten Klee sehr und waren dankbar für
die glücklichen und spaßigen Zeiten, die Klee ihnen schenkte.

Histoire 39: Le Trèfle Porte-Bonheur

Clover était une feuille très spéciale car elle avait quatre parties !
Les personnes qui trouvent une telle feuille ont beaucoup de
chance. Un jour, une fille nommée Lily a trouvé Clover. "Youpi ! Une
feuille porte-bonheur !" s'écria-t-elle joyeusement.

Bientôt, beaucoup de belles choses sont arrivées à Lily. Elle a
trouvé un morceau d'argent brillant, elle a gagné à un jeu, et elle a
même vu un arc-en-ciel coloré dans le ciel ! "Merci, Clover," dit Lily,
en souriant grandement.

Chaque jour, Clover rendait Lily et ses amis heureux et chanceux.
Tous les enfants aimaient beaucoup Clover et étaient heureux pour
les moments de chance et d'amusement que Clover leur offrait.

Teile	parties
Menschen	personnes
finden	trouvent
Glück	chance
Mädchen	fille
namens	nommée
Juhu	Youpi
Glücksblatt	feuille porte-bonheur
fröhlich	joyeusement
schöne	belles
Dinge	choses

Geschichte 40: Der musikalische Pilz

Marty war ein Pilz, der liebliche Melodien erzeugen konnte. Wenn Marty spielte, machte seine Musik alle im Wald glücklich und brachte alles zum Tanzen. Bäume würden sich bewegen, Blumen öffneten sich, und alle Tiere begannen zu seiner süßen Musik zu tanzen.

"Wir alle lieben deine Musik, Marty!" sagten die Tiere im Wald. Marty war wirklich glücklich, dass er mit seinen Melodien alle froh machen konnte. "Für euch alle zu spielen macht so viel Spaß!" erwiderte er.

Jeden einzelnen Tag würden Martys süße Melodien den ganzen Wald zu einem fröhlichen, tanzenden Ort machen. Marty mochte es, seine Waldfreunde glücklich zu sehen und den Wald mit lieblicher Musik und vielen Lächeln zu füllen.

Histoire 40: Le Champignon Musical

Marty était un champignon qui pouvait faire de jolies mélodies.
Quand Marty jouait, sa musique rendait tout le monde dans les
bois heureux et faisait danser toutes les choses. Les arbres
bougeaient, les fleurs s'ouvraient, et tous les animaux
commençaient à danser sur sa douce musique.

"Nous aimons tous ta musique, Marty !" disaient les animaux dans
les bois. Marty était vraiment heureux qu'il pouvait rendre tout le
monde joyeux avec ses mélodies. "Jouer pour vous tous, c'est
tellement amusant !" répondait-il.

Chaque jour, les douces mélodies de Marty faisaient des bois un
endroit heureux et dansant. Marty aimait voir ses amis de la forêt
heureux et remplir les bois de belle musique et de nombreux
sourires.

Pilz	Champignon
musikalische	Musical
Melodien	Mélodies
Musik	Musique
Wald	Bois (Forêt)
glücklich	Heureux
Bäume	Arbres
Blumen	Fleurs
Tiere	Animaux
tanzen	Danser

Geschichte 41: Der hüpfende Hase

Bobby war ein fröhlicher Hase, der es mochte, herumzuhüpfen und zu springen. „Hopp, hopp, hopp! Das macht Spaß!", würde er kichern, seine kleine Nase zuckte vor Freude.

Bobby zeigte all seinen Freunden auch, wie man auch hüpft. Eichhörnchen begannen zu springen, Vögel fingen an zu hüpfen, und Frösche sprangen höher! „Zu hüpfen ist so lustig!", riefen sie alle vor Freude.

Jeden Tag war die Wiese voll von Lachen und hüpfenden Freunden. Bobby und seine Kumpels würden hüpfen und spielen, ihre hüpfenden Abenteuer genießen. Sie machten jeden Tag fröhlich, genossen ihre springenden Spiele und verbreiteten überall in ihrer kleinen hüpfenden Welt Glück.

Histoire 41: Le Lapin Bondissant

Bobby était un lapin joyeux qui aimait sauter et bondir partout. "Saute, saute, saute ! C'est amusant !" il gloussait, son petit nez frémissant de joie.

Bobby a montré à tous ses amis comment bondir aussi. Les écureuils ont commencé à sauter, les oiseaux ont commencé à hopper, et les grenouilles sautaient plus haut ! "Bondir, c'est tellement amusant !" ils criaient tous de joie.

Chaque jour, le pré était rempli de rires et d'amis bondissants. Bobby et ses copains sautaient et jouaient, profitant de leurs aventures bondissantes. Ils rendaient chaque jour joyeux, profitant de leurs jeux sautillants et répandant le bonheur tout autour dans leur petit monde bondissant.

hüpfende	Bondissant
Hase	Lapin
herumzuhüpfen	Sauter partout
Freude	Joie
Freunden	Amis
Eichhörnchen	Écureuils
Vögel	Oiseaux
Frösche	Grenouilles
Wiese	Pré
Abenteuer	Aventures

Geschichte 42: Die Sternennacht

Stella war ein Mädchen, das Sterne liebte. Jede Nacht würde sie auf dem weichen Gras sitzen und zu den funkelnden Sternen oben schauen. Die Sterne würden ihr süße Geschichten erzählen. Sie teilten Erzählungen über den Mond, ferne Planeten und Galaxien.

„So viele Wunder am Himmel!" dachte Stella, ihre Augen leuchteten wie Sterne. Sie würde jede Nacht den Geschichten der Sterne lauschen, sich wundern.

Jede Nacht teilten Stella und die Sterne magische Momente. Die Sterne würden funkeln und ihre Geschichten erzählen, und Stella würde zuhören, ihr Kopf voller schöner Bilder und Abenteuer im weiten, wunderbaren Universum. Es war eine Zeit der Freude und des Staunens für Stella, als die Sterne ihre Träume mit ihren glitzernden Erzählungen bemalten.

Histoire 42: La Nuit Étoilée

Stella était une fille qui aimait les étoiles. Chaque nuit, elle s'asseyait sur l'herbe douce et regardait les étoiles scintillantes au-dessus. Les étoiles lui racontaient de douces histoires. Elles partageaient des contes sur la lune, des planètes lointaines, et des galaxies.

"Tant de merveilles dans le ciel !" pensait Stella, ses yeux brillaient comme des étoiles. Elle écoutait les histoires des étoiles chaque nuit, se sentant émerveillée.

Chaque nuit, Stella et les étoiles partageaient des moments magiques. Les étoiles scintillaient et racontaient leurs histoires, et Stella écoutait, son esprit rempli d'images magnifiques et d'aventures dans l'univers vaste et merveilleux. C'était un moment de joie et d'émerveillement pour Stella, car les étoiles peignaient ses rêves de leurs contes étincelants.

Sternennacht Nuit	Étoilée
Mädchen	Fille
Sterne	Étoiles
Gras	Herbe
funkelnden	Scintillantes
Mond	Lune
Planeten	Planètes
Galaxien	Galaxies
Wunder	Merveilles
Universum	Univers

Geschichte 43: Der Wunsch des Schneemanns

Sunny war ein kleiner Schneemann mit einem großen Wunsch. Er träumte davon, die Sommersonne zu sehen und ihre warmen Strahlen zu spüren. Eines magischen Tages wurde sein Traum wahr! Er spürte die warme Luft und sah Bäume voller grüner Blätter und Blumen in vielen Farben.

„Wow! Der Sommer ist so bunt und warm!" jubelte Sunny. Er war so glücklich, endlich die hellen und fröhlichen Sommertage zu sehen.

Jeden Tag genoss Sunny, der wünschende Schneemann, all die Schönheit des Sommers, glücklich und dankbar für jeden warmen, sonnigen Moment. Er betrachtete die helle Welt um ihn herum, spürte die Wärme jedes Sonnenstrahls, und sein schneeiges Herz war voller Freude, dankbar für jeden schönen Tag, den er sehen durfte.

Histoire 43: Le Souhait du Bonhomme de Neige

Sunny était un petit bonhomme de neige avec un grand souhait. Il rêvait de voir le soleil d'été et de sentir ses rayons chaleureux. Un jour magique, son rêve s'est réalisé ! Il a senti l'air chaud et a vu des arbres pleins de feuilles vertes et des fleurs de nombreuses couleurs.

"Waouh ! L'été est tellement coloré et chaud !" s'est exclamé Sunny. Il était tellement heureux de voir enfin les jours d'été lumineux et joyeux.

Chaque jour, Sunny, le bonhomme de neige souhaitant, profitait de toute la beauté de l'été, heureux et reconnaissant pour chaque moment ensoleillé et chaud. Il regardait le monde lumineux autour de lui, sentant la chaleur de chaque rayon de soleil, et son cœur de neige était plein de joie, se sentant reconnaissant pour chaque beau jour qu'il pouvait voir.

Wunsch	Souhait
Schneemann	Bonhomme de Neige
Sommer	Été
Sonne	Soleil
Bäume	Arbres
Blumen	Fleurs
Farben	Couleurs
warm	chaud
Tag	Jour
Herzen	Cœur

Geschichte 44: Die jonglierende Qualle

Jelly war eine süße Qualle mit einem coolen Trick: Sie konnte jonglieren! Sie warf und fing, warf und fing, und alle ihre Meeresfreunde schauten zu und klatschten. Die Fische tanzten im Kreis, und die Krabben klatschten mit ihren Scheren.

„Jonglieren macht alle so glücklich!" dachte Jelly, während sie ihre langen Arme schwang. Jedes Mal, wenn sie jonglierte, war das Meer voller fröhlicher Geräusche und großer Lächeln.

Jeden Tag machte Jelly, die jonglierende Qualle, ihre Meeresfreunde lachen und glücklich fühlen. Sie verwandelte das Meer in ein lustiges und freudiges Zuhause für alle Ozeantiere, wo sich jeder versammelte, um ihre spielerischen Tricks zu beobachten, und füllte ihre Unterwasserwelt mit Lachen und Spaß.

Histoire 44: La Méduse Jongleuse

Jelly était une méduse mignonne avec un truc cool: elle pouvait jongler! Elle lançait et attrapait, lançait et attrapait, et tous ses amis de la mer regardaient et applaudissaient. Les poissons dansaient en cercles, et les crabes claquaient leurs pinces.

"Jongler rend tout le monde si heureux !" pensait Jelly, faisant tournoyer ses longs bras. Chaque fois qu'elle jonglait, la mer était remplie de sons joyeux et de grands sourires.

Chaque jour, Jelly, la Méduse Jongleuse, faisait rire et rendait heureux ses amis de la mer. Elle transformait la mer en un lieu amusant et joyeux pour tous les animaux océaniques, où tout le monde se rassemblait pour regarder ses tours enjoués, remplissant leur monde sous-marin de rires et d'amusement.

jonglierende	jongleuse
Qualle	Méduse
Trick	truc
werfen	lancer
fangen	attraper
Meeresfreunde	amis de la mer
Fische	poissons
tanzen	danser
Klatschen	applaudissements
Unterwasserwelt	monde sous-marin

Geschichte 45: Das schlafwandelnde Schaf

Sheila war ein Schaf, aber nicht irgendein Schaf sie lief, während sie schlief! Jede Nacht, wenn all ihre Schaffreunde tief schliefen, erlebte Sheila kleine Abenteuer. Sie lief durch grüne Felder, sprang über kleine Flüsse und kletterte auf kleine Hügel, alles im Schlaf!

"Die Welt ist Sheilas Spielplatz, wenn sie träumt", würden ihre Freunde flüstern. Jeden Morgen würde Sheila ihre Augen an einem neuen Ort öffnen und sich über den Spaß wundern, den sie im Schlaf hatte.

Jede Nacht würde Schlafwandler Sheila unter den glänzenden Sternen umherwandern, neue Dinge entdecken und stille, süße Abenteuer im sanften Licht des Mondes erleben, ohne jemals aufzuwachen!

Histoire 45: La Brebis Somnambule

Sheila était une brebis, mais pas n'importe quelle brebis—elle marchait pendant qu'elle dormait! Chaque nuit, alors que tous ses amis moutons dormaient profondément, Sheila partait pour de petites aventures. Elle traversait des champs verts, sautait par-dessus de petites rivières, et grimpait des petites collines, tout cela en dormant!

"Le monde est l'aire de jeux de Sheila quand elle rêve," murmuraient ses amis. Chaque matin, Sheila ouvrirait les yeux à un nouvel endroit et se demanderait quel plaisir elle avait eu pendant qu'elle dormait.

Chaque nuit, Sheila l'Endormie vagabonderait sous les étoiles brillantes, découvrant de nouvelles choses et vivant de douces et silencieuses aventures à la douce lumière de la lune, sans jamais se réveiller!

schlafwandelnde	somnambule
Schaf	brebis
lief	marchait
Abenteuer	aventures
Felder	champs
Flüsse	rivières
Hügel	collines
Spielplatz	aire de jeux
Sternen	étoiles
Mondes	lune

Geschichte 46: Der kletternde Koala

Kenny war ein kleiner Koala mit einem großen Wunsch. Er wollte auf den höchsten Baum klettern, um die ganze weite Welt zu betrachten. Eines sonnigen Tages hat Kenny es geschafft! Er kletterte hoch, hoch, hoch, bis er ganz oben war.

"Wow! Die Welt ist so riesig und schön!" sagte Kenny, seine Augen weit offen, als er von weit oben alles betrachtete. Er konnte ferne Orte, große blaue Gewässer und hohe Berge sehen.

Jeden Tag liebte es Kenny, der kleine träumende Koala, hoch hinaufzugehen und die schöne, große Welt zu betrachten, er fühlte sich so froh und überrascht über all die schönen Dinge, die er von oben sehen konnte. Jeder Aufstieg erfüllte sein Herz mit Freude und Staunen.

Histoire 46: Le Koala Grimpeur

Kenny était un petit koala avec un grand souhait. Il voulait monter au plus haut arbre pour regarder le vaste monde. Un jour ensoleillé, Kenny l'a fait! Il est monté, monté, monté jusqu'à ce qu'il soit tout en haut.

"Waouh! Le monde est si grand et si beau!" dit Kenny, les yeux écarquillés en regardant tout depuis très haut. Il pouvait voir des endroits lointains, de grandes eaux bleues, et de hautes montagnes.

Chaque jour, Kenny, le petit koala rêveur, aimait monter en haut et regarder le beau, grand monde, se sentant si heureux et étonné par toutes les jolies choses qu'il pouvait voir d'en haut. Chaque ascension remplissait son cœur de joie et d'émerveillement.

kletternde	grimpeur
Koala	koala
Baum	arbre
Welt	monde
sonnigen	ensoleillé
riesig	grand
Augen	yeux
Orte	endroits
Gewässer	eaux
Berge	montagnes

Geschichte 47: Das freundliche Glühwürmchen

Freddy war ein glückliches Glühwürmchen. Er hatte ein leuchtendes Licht, das in dem dunklen Himmel blinken würde. Seine Freunde, die es schwerfanden, im Dunkeln zu sehen, mochten sein leuchtendes Licht sehr.

"Danke, Freddy, dass du die Nacht erleuchtest," würden sie zu ihm sagen. Freddy fand Freude daran, seinen Freunden im Dunkeln zu helfen und liebte es, die Nacht mit seinem Glanz zu erfüllen.

Jede Dunkelheit, würde Freddy, das glückliche Lichtkäferchen, hier und dort flattern, sein Licht teilen, seinen Freunden helfen und die Nacht für alle zu einer fröhlichen, leuchtenden Zeit machen. Er würde den ganzen Ort erleuchten, und sein zwinkerndes Licht ließ alle sicher und glücklich fühlen, jede Nacht zu einem fröhlichen Abenteuer machend.

Histoire 47: La Luciole Amicale

Freddy était une luciole joyeuse. Il avait une lumière brillante qui scintillait dans le ciel sombre. Ses amis, qui trouvaient difficile de voir quand il faisait noir, aimaient vraiment sa lumière brillante.

"Merci, Freddy, de rendre la nuit brillante," lui diraient-ils. Freddy ressentait de la joie à aider ses amis à voir quand il faisait sombre et adorait remplir la nuit de son étincelle.

Chaque nuit sombre, Freddy, le joyeux insecte lumineux, voltigerait ici et là, partageant sa lumière, aidant ses amis, et transformant la nuit en un moment gai et brillant pour tous. Il illuminerait tout l'endroit, et sa lumière scintillante faisait se sentir tout le monde en sécurité et heureux, transformant chaque nuit en une aventure joyeuse.

freundliche	amicale
Glühwürmchen	luciole
leuchtendes	brillante
Licht	lumière
dunklen	sombre
Himmel	ciel
Freunde	amis
Nacht	nuit
erleuchtest	rends brillante
Dunkelheit	obscurité

Geschichte 48: Die flüsternde Weide

Willy war ein sehr netter Weidenbaum. Wenn sich die Menschen traurig fühlten, besuchten sie ihn gerne. Willy würde mit ihnen in einer leisen, sanften Stimme sprechen. „Alles wird gut werden", würde er leise sagen.

Die Leute saßen gerne unter Willys großen Ästen. Sie hörten auf seine freundlichen Worte und begannen sich glücklicher zu fühlen. „Danke, Willy", würden sie sagen und wieder lächeln.

Jeden einzelnen Tag sprach Willy, der freundliche Baum, süße, liebevolle Worte, half den Menschen, sich geliebt zu fühlen und verwandelte ihre Traurigkeit in Glück. Er war ein Freund für alle, ein großer, blättriger Tröster, der Glück und Frieden zu allen flüsterte, die zu ihm kamen, und machte die Welt mit seinen leisen, sanften Flüstern zu einem helleren, liebevolleren Ort.

Histoire 48: Le Saule Murmurant

Willy était un très gentil saule. Quand les gens se sentaient tristes, ils aimaient lui rendre visite. Willy leur parlerait d'une voix douce et gentille. "Tout ira bien," dirait-il tranquillement.

Les gens aimaient s'asseoir sous les grandes branches de Willy. Ils écoutaient ses mots gentils et commençaient à se sentir plus heureux. "Merci, Willy," diraient-ils, souriant à nouveau.

Chaque jour, Willy, l'arbre aimable, prononçait des mots doux et affectueux, aidant les gens à se sentir aimés et transformant leur tristesse en bonheur. Il était un ami pour tout le monde, un grand consolateur feuillu qui murmurait le bonheur et la paix à tous ceux qui venaient à lui, rendant le monde plus lumineux et plus aimant avec ses doux et gentils murmures.

flüsternde	murmurant
Weide	saule
netter	gentil
Menschen	gens
traurig	tristes
Ästen	branches
freundlichen	aimables
Worte	mots
Traurigkeit	tristesse
Glück	bonheur

Geschichte 49: Der mutige Cupcake

Coco war ein kleiner, mutiger Cupcake mit einem großen Traum: das leckerste Leckerbissen überhaupt zu sein! Um dies zu erreichen, musste sie sehr mutig sein. Sie durchlief die Hitze des Ofens und die Kälte des Kühlschranks und wurde in leckeres Zuckerguss gekleidet.

„Ich werde die Beste sein!" würde Coco jubeln. Sie war immer fröhlich und süß und machte die Menschen glücklich, wenn sie sie aßen.

Jeden einzelnen Tag verbreitete die tapfere Coco Süße und Lächeln und ließ alle, die sie sahen und kosteten, Freude und Entzücken fühlen. Sie begegnete jeder Herausforderung mit Mut und Süße und wollte die Welt für alle zu einem glücklicheren und leckereren Ort machen. Ihr süßer Geist und ihr leckerer Geschmack machten den Tag aller heller und süßer!

Histoire 49: Le Cupcake Courageux

Coco était un tout petit cupcake courageux avec un grand rêve: devenir la gourmandise la plus délicieuse qui soit! Pour ce faire, elle devait être très courageuse. Elle a traversé la chaleur du four et le froid du réfrigérateur et s'est habillée de glaçage savoureux.

"Je serai la meilleure!" Coco acclamerait. Elle était toujours joyeuse et douce, rendant les gens heureux quand ils la mangeaient.

Chaque jour, la courageuse Coco répandait de la douceur et des sourires, faisant ressentir de la joie et du plaisir à tous ceux qui la voyaient et la goûtaient. Elle affrontait chaque défi avec courage et douceur, voulant rendre le monde plus heureux et plus délicieux pour tous. Son esprit sucré et sa saveur délicieuse rendaient la journée de tout le monde plus lumineuse et plus sucrée!

mutige	courageux
Cupcake	cupcake
Traum	rêve
leckerste	plus délicieuse
Leckerbissen	gourmandise
Zuckerguss	glaçage
Beste	meilleure
jubeln	acclamer
fröhlich	joyeuse
Süße	douceur

Geschichte 50: Die lächelnde Vogelscheuche

Sammy war eine fröhliche Vogelscheuche, bekannt für sein großes, strahlendes Lächeln. Einige glaubten, sein Lächeln helfe den Pflanzen schneller zu wachsen! Jeden Tag stand er zwischen den Feldfrüchten und schickte sein warmes, sonniges Lächeln zu Mais und Weizen.

"Ich hoffe, ihr wachst groß und stark," würde Sammy wünschen, und schickte sein fröhliches Lächeln zu allen Pflanzen. Sowohl die Bauern als auch die Pflanzen spürten die Freude von Sammys Lächeln und mochten ihn sehr.

Jeden Tag stand der lächelnde Sammy zwischen den Feldfrüchten, verbreitete seine fröhlichen Lächeln und ließ die Pflanzen hoch und stark wachsen. Seine strahlenden Lächeln füllten das Feld mit Wärme und Glück, und machten es zu einem fröhlichen Ort für alle und jede Pflanze.

Histoire 50: L'Épouvantail Souriant

Sammy était un épouvantail joyeux connu pour son grand sourire éclatant. Certains croyaient que son sourire aidait les plantes à pousser plus rapidement! Chaque jour, il se tenait parmi les cultures, projetant son sourire chaleureux et ensoleillé sur le maïs et le blé.

"J'espère que vous grandirez grands et forts," souhaiterait Sammy, envoyant ses sourires heureux à toutes les plantes. Les agriculteurs et les plantes ressentaient la joie des sourires de Sammy et l'aimaient beaucoup.

Chaque jour, Sammy souriant se tenait parmi les cultures, répandant ses sourires joyeux, faisant pousser les plantes hautes et fortes. Ses sourires rayonnants remplissaient le champ de chaleur et de bonheur, le rendant un lieu joyeux pour tout le monde et chaque plante.

lächelnde	souriant
Vogelscheuche	épouvantail
strahlendes Lächeln	sourire éclatant
Pflanzen	plantes
wachsen	pousser
Feldfrüchten	cultures
Mais	maïs
Weizen	blé
Bauern	agriculteurs
fröhlichen	joyeux

Geschichte 51: Der rollende Stein

Rory war ein fröhlicher kleiner Stein mit einer Liebe zum Rollen. An einem sonnigen Tag beschloss er, einen großen Hügel hinunterzurollen und traf dabei auf viele neue Freunde. „Hallo!" würde er jedem fröhlich zurufen, den er traf.

Er rollte neben Käfern, wirbelte mit fallenden Blättern und führte fröhliche Gespräche mit den zwitschernden Vögeln. „Rollen macht so viel Spaß, und ich finde so viele Freunde!" dachte der glückliche Rory. Alle Lebewesen am Hügel genossen die Gesellschaft von Rory, dem freundlichen, rollenden Stein.

Jeden Tag würde der fröhliche Rory rollen, hüpfen und sich drehen und brachte Lächeln und Freude zu all den Freunden, die er am Hügel machte. Seine freudigen Rollen füllten jeden Tag mit Lachen und neuen Freundschaften und machten den Hügel zu einem lebhaften, glücklichen Ort für alle.

Histoire 51: Le Rocher Roulant

Rory était un petit rocher joyeux avec un amour pour rouler. Un jour ensoleillé, il décida de rouler en bas d'une grande colline, rencontrant de nombreux nouveaux amis en cours de route. "Salut!" dirait-il joyeusement à tous ceux qu'il rencontrait.

Il roulait à côté des insectes, tourbillonnait avec les feuilles qui tombaient, et avait des conversations joyeuses avec les oiseaux qui gazouillaient. "Rouler, c'est tellement amusant, et je me fais tellement d'amis!" pensait le joyeux Rory. Toutes les créatures sur la colline appréciaient la compagnie de Rory, le rocher amical et roulant.

Chaque jour, le joyeux Rory roulerait, rebondirait, et tournerait, apportant des sourires et du bonheur à tous les amis qu'il se faisait sur la colline. Ses roulades joyeuses remplissaient chaque jour de rires et de nouvelles amitiés, faisant de la colline un endroit vivant et heureux pour tout le monde.

rollende	roulant
Stein	rocher
Hügel	colline
Käfern	insectes
Blättern	feuilles
zwitschernden Vögeln	oiseaux qui gazouillent
Gespräche	conversations
Lächeln	sourires
Freunde	amis
lebhaften	vivant

Geschichte 52: Der balancierende Schmetterling

Bella war ein anmutiger Schmetterling. Sie war sehr gut darin, auf zarten Blumen zu balancieren. Bella beschloss, auch den anderen Insekten das Balancieren beizubringen. "Schaut her," würde sie sagen und ihre bunten Flügel ausbreiten.

Bald balancierten die Bienen, die Marienkäfer landeten sanft, und die Käfer standen still auf den Blütenblättern. "Balancieren ist wunderschön!" jubelten alle Insekten und flatterten und krochen glücklich auf den Blumen umher.

Jeden Tag verbreitete Bella, der balancierende Schmetterling, Anmut und Balance unter ihren Freunden und machte den Garten zu einem Ort des zarten Tanzes und freudigen Flatterns.

Histoire 52: Le Papillon Équilibrant

Bella était un papillon gracieux. Elle était très douée pour s'équilibrer sur des fleurs délicates. Bella décida d'enseigner aux autres insectes comment s'équilibrer aussi. "Regardez-moi," dirait-elle, déployant ses ailes colorées.

Bientôt, les abeilles étaient en équilibre, les coccinelles atterrissaient doucement, et les scarabées restaient immobiles sur les pétales. "L'équilibre est beau!" tous les insectes acclamaient, voltigeant et rampant joyeusement sur les fleurs.

Chaque jour, Bella le Papillon Équilibrant répandait grâce et équilibre parmi ses amis, faisant du jardin un lieu de danse délicate et de voltige joyeuse.

balancierende	équilibrant
Schmetterling	papillon
Blumen	fleurs
Insekten	insectes
Flügel	ailes
Bienen	abeilles
Marienkäfer	coccinelles
Blütenblättern	pétales
Garten	jardin
flatterns	voltige

Geschichte 53: Die hüpfende Geleebohne

Jelly war eine elastische Geleebohne mit einem großen Herz für Abenteuer. Sie lebte in einem Süßigkeiten-Glas, war aber neugierig auf die Welt außerhalb davon. An einem sonnigen Tag hüpfte sie heraus und rief: „Es gibt so viele Wunder zu entdecken!"

Sie sprang auf Tische, tanzte auf Stühlen und hüpfte auf Theken, alles mit einem Funkeln in ihren Augen. Die Küche war für sie ein Ort voller Magie und Entdeckungen. „Herumhüpfen macht so viel Spaß!" kicherte sie, während sie neue Orte erkundete.

Jeden Tag fand Jelly, die abenteuerlustige Geleebohne, aufregende neue Dinge in der Küche, jeder Tag voller Freude und neuer Überraschungen. Sie verwandelte jeden Moment in ein süßes Abenteuer und füllte ihre kleine Welt mit großen Lachern und freudigen Sprüngen und machte jeden Tag zu einer entzückenden Reise.

Histoire 53: Le Haricot Sauteur

Jelly était un haricot sauteur avec un grand cœur pour l'aventure. Elle vivait dans un bocal de bonbons mais était curieuse du monde extérieur. Un jour ensoleillé, elle a sauté dehors et s'est exclamée, "Tant de merveilles à explorer!"

Elle bondissait sur les tables, dansait sur les chaises et sautillait sur les comptoirs, tout ça avec une étincelle dans les yeux. La cuisine était un lieu de magie et de découverte pour elle. "Sauter partout, c'est tellement amusant!" elle gloussait en explorant de nouveaux endroits.

Chaque jour, Jelly, le haricot aventureux, découvrait de nouvelles choses excitantes dans la cuisine, chaque jour débordant de joie et de nouvelles surprises. Elle transformait chaque moment en une douce aventure, remplissant son petit monde de grands rires et de bonds joyeux, faisant de chaque jour un voyage délicieux.

hüpfende	sauteur
Geleebohne	haricot
Süßigkeiten-Glas	bocal de bonbons
Welt	monde
Tische	tables
Stühlen	chaises
Theken	comptoirs
Küche	cuisine
Abenteuer	aventure
Reise	voyage

Geschichte 54: Der winkende Weizen

Wendy war ein fröhliches Weizenkorn, das es liebte, dem Bauern jeden Tag zu grüßen. Mit einem Schwanken im Wind würde sie sagen: "Guten Morgen!", was die Luft um sie herum freundlich und fröhlich machte.

Der Bauer würde immer mit einem Lächeln und einem Hallo antworten. Wendy liebte es, den Bauern zum Lächeln zu bringen und die warme Sonne zu spüren.

Jeden Tag machte Wendy, der freundliche Weizen, den Bauern mit ihren goldenen Begrüßungen und ihrer sonnigen Art glücklich und willkommen. Sie machte das ganze Feld zu einem glücklichen, warmen und freundlichen Ort, an dem sich jeder willkommen und geliebt fühlte. Jeder Morgen war für Wendy eine neue Chance, ihre Fröhlichkeit und Wärme ihrem Lieblingsbauern und der Welt um sie herum zu verbreiten.

Histoire 54: Le Blé Saluant

Wendy était un brin de blé joyeux qui aimait dire bonjour au fermier tous les jours. Avec un balancement dans le vent, elle disait, "Bonjour !" rendant l'air autour d'elle amical et heureux.

Le fermier répondait toujours avec un sourire et un salut. Wendy aimait faire sourire le fermier et aimait sentir la chaleur du soleil.

Chaque jour, Wendy, le Blé Amical, rendait le fermier heureux et accueillant avec ses salutations dorées et son caractère ensoleillé. Elle rendait tout le champ comme un lieu heureux, chaleureux, et amical où tout le monde se sentait bienvenu et aimé. Chaque matin était une nouvelle chance pour Wendy de répandre sa joie et sa chaleur à son fermier préféré et au monde autour d'elle.

winkende	saluant
Weizen	blé
Bauern	fermier
grüßen	saluer
Wind	vent
Lächeln	sourire
Sonne	soleil
goldenen	dorées
Begrüßungen	salutations
warmen	chaleureux

Geschichte 55: Der rasende Regentropfen

Riley war ein fröhlicher Regentropfen, der es liebte, Spiele zu spielen. Er mochte es, mit seinen Regentropfenfreunden zu rennen. „Auf die Plätze, fertig, los!", würde er rufen, und alle würden hinunterstürzen, in der Hoffnung, als Erste den Boden zu berühren.

Riley und viele Regentropfen würden rennen, wirbeln und nach unten zoomen. „Das macht so viel Spaß!", würde Riley fühlen, als er schnell auf den Boden fiel.

Jedes Mal, wenn es regnete, machte Riley, der spielerische Regentropfen, die Luft voller Lachen und Freude. Er verwandelte jeden Regenschauer in ein fröhliches Spiel und machte den Regen für alle, die von unten zusahen, zu einem Ereignis, auf das man sich freuen konnte, wie sie die kleinen Regentropfenrennen verfolgten.

Histoire 55: La Goutte de Pluie qui Court

Riley était une goutte de pluie joyeuse qui adorait jouer à des jeux. Il aimait faire la course avec ses amis gouttes de pluie. "À vos marques, prêts, partez !" il criait, et ils se précipitaient tous, espérant toucher le sol en premier.

Riley et de nombreuses gouttes de pluie faisaient la course, tourbillonnant et dévalant rapidement. "C'est tellement amusant !" se sentait Riley en tombant vite vers le sol.

Chaque fois qu'il pleuvait, Riley, la Goutte de Pluie Ludique, remplissait l'air de rires et de joie. Il transformait chaque averse en un jeu joyeux, faisant de la pluie quelque chose d'amusant à attendre pour tous ceux qui regardaient les petites courses de gouttes de pluie d'en bas.

rasende	qui Court
Regentropfen	Goutte de Pluie
Spiele	jeux
rennen	faire la course
Boden	sol
wirbeln	tourbillonnant
Lachen	rires
Freude	joie
Regenschauer	averse
verfolgten	regardaient

Geschichte 56: Das leuchtende Gespenst

Gary war ein freundliches Gespenst, das leuchten konnte. Er mochte es, dunkle Orte hell zu machen, damit seine Freunde keine Angst hatten. „Es ist in Ordnung, ich bin hier, um es hell zu machen!", würde Gary sagen und sein sanftes Licht scheinen lassen.

Seine Freunde fühlten sich sicher, wenn Garys Licht da war. „Danke, Gary, dass du die Nacht weniger gruselig machst", würden sie sagen, glücklich und lächelnd.

Jede Nacht würde Gary, das freundliche leuchtende Gespenst, sein Licht leuchten lassen, dunkle, gruselige Orte in warme, glückliche verwandeln. Er sorgte dafür, dass sich jeder in seinem weichen, warmen Schein sicher fühlte, und sein Licht machte die Nacht für alle seine Freunde zu einer glücklichen, freundlichen Zeit.

Histoire 56: Le Fantôme Lumineux

Gary était un fantôme gentil qui pouvait briller. Il aimait éclairer les endroits sombres pour que ses amis n'aient pas peur. "C'est bon, je suis là pour éclairer !" Gary dirait, en faisant briller sa douce lumière.

Ses amis se sentaient en sécurité avec la lumière de Gary autour. "Merci, Gary, de rendre la nuit moins effrayante," ils diraient, heureux et souriants.

Chaque nuit, Gary, le Fantôme Lumineux Amical, ferait briller sa lumière, transformant les endroits sombres et effrayants en endroits chaleureux et heureux. Il s'assurait que tout le monde se sentait en sécurité dans sa douce et chaude lueur, et sa lumière rendait la nuit comme un moment heureux et amical pour tous ses amis.

leuchtende	Lumineux
Gespenst	Fantôme
dunkle	sombres
hell	clair
Angst	peur
Licht	lumière
sicher	en sécurité
gruselig	effrayante
verwandeln	transformer
freundlichen	amical

Geschichte 57: Der funkelnde Stern

Es war einmal ein funkelnder Stern namens Lumina, der so hell am dunklen Himmel leuchtete. Lumina war magisch; sie konnte traurige, dunkle Orte fröhlich und hell machen. Lumina fand einen traurigen, dunklen Planeten. Sie berührte ihn mit ihrem Licht und flüsterte süße Worte. Als sie das tat, begannen Hügel und Flüsse und Bäume zu wachsen!

Die gruseligen Schatten verschwanden, und der Planet war voller Farben und fröhlicher Dinge. Lumina fühlte sich sehr glücklich, als sie den Planeten zum Leben erwecken sah. Ihr Licht wurde zu einem Zeichen der Hoffnung am dunklen Himmel, das versprach, die neuen Freunde unten zu schützen. Der Planet nannte sie "Der Funkelnde Stern", ein Symbol der Hoffnung und des Neuanfangs im weiten Universum. Lumina blinkte und leuchtete weiter und wachte über ihren fröhlichen, bunten Planeten, verbreitete Freude und Licht, wo immer sie konnte.

Histoire 57: L'Étoile Scintillante

Il était une fois, une étoile scintillante nommée Lumina, qui brillait tellement fort dans le ciel sombre. Lumina était magique ; elle pouvait rendre des endroits tristes et sombres heureux et lumineux. Lumina a trouvé une planète triste et sombre. Elle l'a touchée avec sa lumière, murmurant des mots doux. Quand elle l'a fait, des collines et des rivières et des arbres ont commencé à pousser !

Les ombres effrayantes ont disparu, et la planète était pleine de couleurs et de choses heureuses. Lumina se sentait très heureuse en regardant la planète prendre vie. Sa lumière est devenue un signe d'espoir dans le ciel sombre, promettant de protéger les nouveaux amis ci-dessous. La planète l'appelait "L'Étoile Scintillante", un symbole d'espoir et de nouveaux départs dans le vaste univers. Lumina continuait à scintiller et à briller, veillant sur sa planète heureuse et colorée, répandant la joie et la lumière partout où elle pouvait.

funkelnde	Scintillante
Stern	Étoile
dunklen	sombre
magisch	magique
hell	lumineux
Planeten	planète
Farben	couleurs
Hoffnung	espoir
Universum	univers
Freude	joie

Geschichte 58: Die flüsternde Wassermelone

Wally war eine flüsternde Wassermelone. Er liebte es, lustige Witze zu flüstern, um die anderen Früchte zum Lachen zu bringen. „Warum hielt die Traube mitten auf der Straße an? Weil ihr der Saft ausging!" würde er flüstern, und alle Früchte würden in Kichern ausbrechen.

Wallys Flüstern machte die Obstschale zu einem fröhlichen Ort. „Du bringst uns zum Lachen, Wally", würden die Früchte sagen, immer noch kichernd. Wally war froh, seine Freunde mit seinen flüsternden Witzen glücklich zu machen.

Jeden Tag füllte Wally, die flüsternde Wassermelone, die Obstschale mit Lachen und Freude und ließ alle Früchte fröhlich und leicht fühlen.

Histoire 58: La Pastèque Chuchotante

Wally était une pastèque chuchotante. Il aimait chuchoter des blagues amusantes pour faire rire les autres fruits. "Pourquoi le raisin s'est-il arrêté au milieu de la route ? Parce qu'il n'avait plus de jus !" chuchotait-il, et tous les fruits éclataient de rire.

Les chuchotements de Wally rendaient le bol de fruits joyeux. "Tu nous fais rire, Wally," disaient les fruits, encore en riant. Wally était content de rendre ses amis heureux avec ses blagues chuchotantes.

Chaque jour, Wally la Pastèque Chuchotante remplissait le bol de fruits de rire et de joie, faisant sentir tous les fruits joyeux et légers.

flüsternde	chuchotante
Wassermelone	pastèque
Witze	blagues
Früchte	fruits
lachen	rire
Straße	route
Saft	jus
Obstschale	bol de fruits
Freude	joie
leicht	légers

Geschichte 59: Die fröhliche Maus

Marty war eine glückliche kleine Maus, die gerne Geschichten erzählte. „Lass mich dir eine Geschichte erzählen", würde er sagen, seine Augen leuchtend. Er mochte es, seine Freunde mit seinen lustigen Geschichten zum Lächeln zu bringen.

Alle seine Freunde würden kommen und zuhören. Sie liebten es, Martys fröhliche Geschichten zu hören. „Deine Geschichten lassen uns so gut fühlen!", würden sie ihm sagen, sich glücklich und sorglos fühlend.

Jeden Tag würde Marty, die Glückliche Geschichtenmaus, mehr fröhliche Geschichten erzählen. Seine Geschichten ließen alle seine Freunde lächeln und Freude fühlen. Marty liebte es, die Welt um ihn herum für alle zu einem glücklicheren, lustigeren Ort zu machen, erfüllt von Lachen und schönen Zeiten.

Histoire 59: La Souris Joyeuse

Marty était une petite souris joyeuse qui aimait raconter des histoires. "Laissez-moi vous raconter une histoire," disait-il, ses yeux brillants. Il aimait faire sourire ses amis avec ses contes amusants.

Tous ses amis venaient et écoutaient. Ils aimaient entendre les histoires heureuses de Marty. "Vos histoires nous font nous sentir si bien !" lui disaient-ils, se sentant heureux et insouciants.

Chaque jour, Marty, la Souris Heureuse des Histoires, racontait d'autres contes joyeux. Ses histoires faisaient sourire tous ses amis et ressentir de la joie. Marty aimait rendre le monde autour de lui plus heureux et plus amusant pour tout le monde, le remplissant de rires et de bons moments.

fröhliche	joyeuse
Maus	souris
Geschichten	histoires
Augen	yeux
Freunde	amis
Lächeln	sourire
zuhören	écouter
sorglos	insouciants
Welt	monde
schönen Zeiten	bons moments

Geschichte 60: Der schlaue Schatten

Shelby war ein lustiger Schatten, der gerne Spiele spielte. Sie spielte Verstecken mit ihrem Freund, einem kleinen Jungen. "Versuch mich zu finden!", würde sie leise sagen, während sie sich hinter Dingen versteckte.

Der Junge würde rennen und lachen, versuchend, seinen trickreichen Schatten zu fangen. Wenn er sie fand, würde er sagen: "Ich habe dich gefangen!" Shelby würde lachen und warten, wieder zu spielen.

Shelby, der Lustige Schatten, und der Junge verbrachten jeden Tag mit Spielen und teilten Lachen. Sie machte jeden Moment voller Spaß und Lächeln. Zusammen hatten sie viele glückliche, spielerische Zeiten und machten jeden Tag zu einem wunderbaren Abenteuer voller Freude und Lachen.

Histoire 60: L'Ombre Rusée

Shelby était une ombre amusante qui aimait jouer à des jeux. Elle jouait à cache-cache avec son ami, un petit garçon. "Essaie de me trouver !" disait-elle doucement, se cachant derrière des choses.

Le garçon courait et riait, essayant d'attraper son ombre astucieuse. Quand il la trouvait, il disait, "Je t'ai attrapée !" Shelby riait et attendait de jouer à nouveau.

Shelby, l'Ombre Amusante, et le garçon passaient chaque jour à jouer et à partager des rires. Elle rendait chaque moment plein de plaisir et de sourires. Ensemble, ils vivaient beaucoup de moments heureux et ludiques, faisant de chaque jour une merveilleuse aventure pleine de joie et de rires.

schlaue	rusée
Schatten	ombre
Spiele	jeux
Verstecken	cache-cache
Freund	ami
Junge	garçon
lachen	rire
wieder	à nouveau
Spaß	plaisir
Abenteuer	aventure

Helfen Sie uns, Ihre Gedanken zu teilen!

Liebe Leserin, lieber Leser,

Vielen Dank, dass Sie sich für unser Buch entschieden haben. Wir hoffen, dass Sie die Reise durch seine Seiten genossen haben und dass sie einen positiven Einfluck auf Ihr Leben hatte. Als unabhängige Autoren sind Rezensionen von Lesern wie Ihnen unglaublich wertvoll, um uns zu helfen, ein breiteres Publikum zu erreichen und unsere Kunst zu verbessern.

Wenn Ihnen unser Buch gefallen hat, bitten wir Sie, sich einen Moment Zeit zu nehmen, um eine ehrliche Bewertung abzugeben. Ihr Feedback kann einen großen Unterschied machen, indem es potenziellen Lesern Einblicke in den Inhalt des Buches und Ihre persönliche Erfahrung bietet.

Ihre Bewertung muss nicht lang oder kompliziert sein – nur ein paar Zeilen, die Ihre ehrlichen Gedanken ausdrücken, wären enorm geschätzt. Wir schätzen Ihr Feedback und nehmen es uns zu Herzen, um unsere zukünftigen Arbeiten zu formen und mehr Inhalte zu erstellen, die bei Lesern wie Ihnen Anklang finden.

Indem Sie eine Rezension hinterlassen, unterstützen Sie uns nicht nur als Autoren, sondern helfen auch anderen Lesern, dieses Buch zu entdecken. Ihre Stimme zählt, und Ihre Worte haben die Kraft, andere zu inspirieren, sich auf diese literarische Reise zu begeben.

Wir schätzen Ihre Zeit und Ihre Bereitschaft, Ihre Gedanken zu teilen, wirklich. Vielen Dank, dass Sie ein wesentlicher Teil unserer Autorenreise sind.

FSC
www.fsc.org
MIX
Papier | Fördert
gute Waldnutzung
FSC® C083411

Zeitfracht Medien GmbH
Ferdinand-Jühlke-Straße 7
99095 Erfurt, Deutschland
produktsicherheit@kolibri360.de

Druck:
CPI Druckdienstleistungen GmbH
im Auftrag der
Zeitfracht Medien GmbH
Ein Unternehmen der Zeitfracht - Gruppe
Ferdinand-Jühlke-Str. 7
99095 Erfurt